120 Ejercicios para aprender Machine Learning.

Nivel Cero- Básico.

Índice.

Introducción.

En la era actual, la inteligencia artificial y el machine learning han emergido como campos fascinantes y poderosos que están transformando la manera en que interactuamos con la tecnología. Desde asistentes virtuales hasta sistemas de recomendación y diagnósticos médicos, las aplicaciones de machine learning son vastas y continúan expandiéndose. Sin embargo, sumergirse en este mundo puede parecer abrumador, especialmente para aquellos que están dando sus primeros pasos en este emocionante viaje.

Este libro, "100 Ejercicios para Aprender Machine Learning Desde Cero", está diseñado para ser tu guía práctica en este viaje de aprendizaje. Ya seas un estudiante curioso, un profesional de otra disciplina o simplemente alguien apasionado por la tecnología, este libro te proporcionará los conocimientos y habilidades esenciales para comprender y aplicar el machine learning.

¿Por qué este libro es para ti?

Aprendizaje Práctico: En lugar de abordar únicamente los conceptos teóricos, este libro se enfoca en la aplicación práctica del machine learning. Cada ejercicio ha sido diseñado para proporcionar una experiencia hands-on y fortalecer tus habilidades a medida que avanzas.

Desde Cero: No necesitas ser un experto en matemáticas avanzadas o programación para comenzar. Este libro parte desde cero, explicando cada paso y concepto de manera clara y accesible. Se asume que tienes una comprensión básica de programación, pero no es necesario ser un experto.

Capítulo 1: Introducción al Machine Learning:

¿Qué es el Machine Learning?

Machine Learning, o Aprendizaje Automático en español, es un subcampo de la inteligencia artificial (IA) que se centra en desarrollar algoritmos y modelos capaces de aprender patrones y realizar tareas específicas sin una programación explícita. En lugar de depender de reglas predefinidas, los sistemas de Machine Learning utilizan datos para mejorar su rendimiento con el tiempo.

Relevancia en la Actualidad:

El Machine Learning ha experimentado un crecimiento significativo en los últimos años debido a la abundancia de datos digitales, avances en la capacidad computacional y algoritmos más sofisticados. Su relevancia radica en su capacidad para abordar problemas complejos y realizar tareas que antes eran difíciles de automatizar. Desde recomendaciones de productos en plataformas de compras en línea hasta diagnósticos médicos y conducción autónoma, el Machine Learning ha impactado una amplia gama de sectores.

Conceptos Básicos:

1. Aprendizaje Supervisado:

En el aprendizaje supervisado, el modelo se entrena utilizando un conjunto de datos etiquetado, donde cada ejemplo contiene tanto las características como la etiqueta correspondiente. El objetivo es que el modelo aprenda a hacer predicciones o clasificaciones basadas en la relación entre las entradas y las salidas conocidas. Por ejemplo, predecir la calificación de un estudiante en función de las horas de estudio es un problema de aprendizaje supervisado.

2. Aprendizaje No Supervisado:

En cambio, el aprendizaje no supervisado implica trabajar con datos no etiquetados, donde el modelo busca patrones y estructuras inherentes en los datos sin la guía de etiquetas previas. Clustering y reducción de dimensionalidad son ejemplos de técnicas no supervisadas. Por ejemplo, clasificar noticias en categorías sin tener etiquetas predefinidas sería un problema de aprendizaje no supervisado.

Comprender estas diferencias es esencial para seleccionar el enfoque adecuado según el problema que se esté abordando. El aprendizaje supervisado es útil cuando se busca predecir o clasificar, mientras que el aprendizaje no supervisado es valioso para descubrir patrones intrínsecos en los datos.

En resumen, el Machine Learning ofrece herramientas poderosas para analizar datos y tomar decisiones basadas en patrones aprendidos, y su aplicación se extiende a una variedad de campos, desde la medicina hasta la gestión de negocios y la automatización de tareas cotidianas.

Fundamentos de la Programación.

Los fundamentos de programación son esenciales para cualquier persona que desee incursionar en el Machine Learning, ya que muchas de las implementaciones y aplicaciones de algoritmos requieren habilidades de programación. Aquí hay algunos conceptos clave que son fundamentales:

1. Lenguaje de Programación:

- Elige un lenguaje de programación adecuado para Machine Learning. Python es ampliamente utilizado en este campo debido a su sintaxis clara, una gran cantidad de bibliotecas y su comunidad activa. También se utilizan otros lenguajes como R y Julia en casos específicos.

2. Variables y Tipos de Datos:

- Comprender cómo se declaran y utilizan las variables en el lenguaje elegido. Familiarizarse con tipos de datos como enteros, decimales, cadenas y listas.

3. Estructuras de Control:

- Aprender sobre estructuras de control como bucles (for y while) y condicionales (if-else). Estos son fundamentales para controlar el flujo del programa.

4. Funciones y Modularidad:

- Entender cómo definir y llamar funciones. La modularidad es crucial para dividir el código en partes más pequeñas y manejables.

5. Estructuras de Datos:

- Conocer las estructuras de datos básicas como listas, conjuntos y diccionarios. Estas estructuras son esenciales para almacenar y manipular datos.

6. Manejo de Errores:

- Aprender a manejar errores y excepciones de manera efectiva. Esto es importante para escribir código robusto y evitar que el programa se bloquee debido a problemas inesperados.

7. Entrada y Salida:

- Saber cómo recibir datos de entrada del usuario y mostrar resultados en la salida. La interacción con datos es un aspecto clave en programación.

8. Comentarios y Documentación:

- Acostumbrarse a comentar el código para explicar su funcionalidad. La documentación clara es crucial, especialmente cuando otros colaboradores revisan o trabajan en el código.

9. Algoritmos Básicos:

- Entender al menos los conceptos básicos de algoritmos, como búsqueda y ordenamiento. Estos conceptos son la base para comprender algoritmos más avanzados utilizados en Machine Learning.

10. Práctica:

- La práctica constante es clave. Resuelve problemas de programación, trabaja en proyectos pequeños y avanza gradualmente a proyectos más complejos.

Al tener una sólida comprensión de estos fundamentos de programación, estarás mejor preparado para abordar los desafíos de implementar y entender algoritmos de Machine Learning. La programación es una habilidad práctica, y la experiencia práctica es esencial para desarrollarla.

Entorno de Desarrollo para Machine Learning:

Configurar un entorno de desarrollo sólido es crucial para trabajar eficientemente en proyectos de Machine Learning. Aquí te proporciono una guía paso a paso utilizando Python y algunas bibliotecas populares como NumPy, Pandas y scikit-learn.

1. Instalación de Python:

- Asegúrate de tener Python instalado en tu sistema. Puedes descargar la última versión desde python.org.

2. Instalación de un Entorno Virtual (Opcional pero Recomendado):

- Utilizar un entorno virtual ayuda a evitar conflictos entre las bibliotecas de diferentes proyectos. Puedes crear uno con el siguiente comando en la terminal:

```
python -m venv nombre_del_entorno
```

- Luego, activa el entorno virtual:
    - En Windows:

```
nombre_del_entorno\Scripts\activate
```

- En Linux/Mac:

```
source nombre_del_entorno/bin/activate
```

3. Instalación de NumPy, Pandas y scikit-learn:

- Después de activar tu entorno virtual, puedes instalar las bibliotecas necesarias utilizando pip:

```
pip install numpy pandas scikit-learn
```

Esto instalará NumPy para operaciones numéricas, Pandas para manipulación de datos y scikit-learn para algoritmos de Machine Learning.

4. Instalación de Jupyter Notebooks (Opcional pero Recomendado):

- Jupyter Notebooks es una herramienta popular para el desarrollo interactivo. Puedes instalarlo con:

```
pip install jupyter
```

- Luego, inicia un cuaderno con:

```
jupyter notebook
```

- Esto abrirá Jupyter en tu navegador web.

5. Otras Bibliotecas Útiles:

- Dependiendo de tus necesidades, podrías querer instalar otras bibliotecas populares como Matplotlib para visualización de datos y seaborn para gráficos estadísticos:

```
pip install matplotlib seaborn
```

6. Verificación de Instalaciones:

- Confirma que las bibliotecas están instaladas correctamente ejecutando un script de prueba en un archivo Python. Por ejemplo:

```
import numpy as np
import pandas as pd
import sklearn

print(f'NumPy version: {np.__version__}')
print(f'Pandas version: {pd.__version__}')
print(f'scikit-learn version: {sklearn.__version__}')
```

7. Exploración Adicional:

- Explora la documentación oficial de cada biblioteca para entender sus características y funcionalidades. La documentación es una excelente fuente de recursos y ejemplos.

Configurar tu entorno de desarrollo de esta manera te
proporcionará una base sólida para trabajar en proyectos de
Machine Learning con Python. Además, te permitirá aprovechar
las ventajas de la comunidad y las herramientas disponibles para
el ecosistema de Python en el campo de la ciencia de datos y
Machine Learning.

Conceptos Básicos de Matemáticas en Machine Learning:

Para entender los fundamentos matemáticos detrás del Machine Learning, es útil familiarizarse con algunos conceptos clave en álgebra lineal y cálculo. Aquí te presento una breve explicación de estos conceptos de manera accesible para principiantes:

1. Álgebra Lineal:

a. Vectores:

- Un vector es una colección de números dispuestos en una sola fila o columna. En Machine Learning, los vectores se utilizan para representar características o atributos de un conjunto de datos.

b. Matrices:

- Una matriz es una tabla rectangular de números, donde cada número se llama elemento. En Machine Learning, las matrices se utilizan para representar conjuntos de datos y transformaciones lineales.

c. Producto Punto:

- El producto punto entre dos vectores es la suma de los productos de sus componentes. Es fundamental en operaciones vectoriales y se usa en algoritmos de Machine Learning para medir la similitud entre vectores.

d. Producto Matricial:

- El producto matricial es una operación que combina dos matrices para producir una tercera. Es esencial para realizar transformaciones lineales y se utiliza en la optimización de modelos de Machine Learning.

2. Cálculo:

a. Derivadas:

- La derivada mide la tasa de cambio instantánea de una función en un punto. En Machine Learning, las derivadas son cruciales para optimizar modelos, ya que proporcionan información sobre cómo ajustar los parámetros para minimizar o maximizar una función objetivo.

b. Gradiente:

- El gradiente es un vector que indica la dirección y la magnitud del cambio máximo de una función en un punto. En el aprendizaje automático, el gradiente se usa en algoritmos de optimización, como el descenso de gradiente, para ajustar los parámetros de un modelo.

c. Integrales:

- La integral es el área bajo una curva y proporciona la acumulación de cantidades a lo largo de un intervalo. Aunque no se utiliza tan comúnmente como las derivadas, en algunos casos, como en la normalización de probabilidades, las integrales pueden ser relevantes.

3. Ejemplo de Aplicación:

Supongamos que tienes un conjunto de datos que representa las horas de estudio (x) y las calificaciones obtenidas (y). Puedes utilizar álgebra lineal y cálculo para ajustar una línea (modelo) que minimice la diferencia entre las calificaciones reales y las predichas, lo que es esencialmente un problema de regresión lineal.

Estos conceptos matemáticos proporcionan la base para entender cómo funcionan los algoritmos de Machine Learning y cómo se ajustan a los datos. A medida que te sumerjas más en el Machine Learning, estos conceptos se volverán más familiares y te permitirán comprender y desarrollar algoritmos más avanzados.

Aprendizaje Supervisado: Algoritmos y Ejemplos Prácticos

1. Regresión Lineal:

- Concepto: La regresión lineal busca establecer una relación lineal entre una variable de entrada (o características) y una variable de salida (o respuesta). Es comúnmente utilizado para predecir valores numéricos.
- Ejemplo Práctico:

```
from sklearn.linear_model import LinearRegression
import numpy as np

# Datos de entrenamiento
X = np.array([[1], [2], [3], [4]])
y = np.array([2, 4, 5, 4])

# Crear y entrenar el modelo
model = LinearRegression()
model.fit(X, y)

# Hacer predicciones
nuevas_X = np.array([[5]])
prediccion = model.predict(nuevas_X)
print("Predicción:", prediccion)
```

Resultado: Predicción: [5.5]

2. Regresión Logística:

- Concepto: La regresión logística se utiliza para problemas de clasificación binaria, donde la variable de salida es categórica. Aunque su nombre incluye "regresión", se utiliza para clasificación en lugar de predicción numérica.
- Ejemplo Práctico:

```python
from sklearn.linear_model import LogisticRegression
import numpy as np

# Datos de entrenamiento
X = np.array([[1], [2], [3], [4]])
y = np.array([0, 0, 1, 1]) # Clases binarias (0 o 1)

# Crear y entrenar el modelo
model = LogisticRegression()
model.fit(X, y)

# Hacer predicciones
nuevas_X = np.array([[5]])
prediccion_probabilidad = model.predict_proba(nuevas_X)
print("Probabilidad de Clase 1:", prediccion_probabilidad[:,
1])
```

Resultado: Probabilidad de Clase 1: [0.91650013]

3. Máquinas de Soporte Vectorial (SVM):

- Concepto: Las SVM buscan encontrar el hiperplano que mejor separa las clases en un espacio dimensional. Pueden aplicarse tanto a problemas de clasificación como a problemas de regresión.
- Ejemplo Práctico:

```python
from sklearn.svm import SVC
import numpy as np

# Datos de entrenamiento
X = np.array([[1, 2], [2, 3], [3, 3], [2, 1]])
y = np.array([1, 1, 2, 2]) # Clases (1 o 2)

# Crear y entrenar el modelo
model = SVC(kernel='linear')
model.fit(X, y)

# Hacer predicciones
nuevas_X = np.array([[3, 2]])
prediccion = model.predict(nuevas_X)
print("Predicción:", prediccion)
```

Resultado: Predicción: [2]

Estos son ejemplos básicos para ilustrar la aplicación de algoritmos de aprendizaje supervisado. En la práctica, trabajarás con conjuntos de datos más grandes y complejos. Además, ajustarás parámetros y evaluarás el rendimiento del modelo utilizando métricas apropiadas para el tipo de problema que estás abordando.

Aprendizaje No Supervisado: Algoritmos y Ejemplos Prácticos

1. Clustering - K-Means:

- Concepto: El algoritmo K-Means agrupa los datos en k grupos (clusters) basándose en la similitud entre los puntos. Cada grupo tiene un centroide que representa el "centro" del cluster.
- Ejemplo Práctico:

```python
from sklearn.cluster import KMeans
import numpy as np

# Datos de entrenamiento
X = np.array([[1, 2], [2, 3], [3, 3], [8, 7], [7, 5], [6, 8]])

# Crear y entrenar el modelo
kmeans = KMeans(n_clusters=2)
kmeans.fit(X)

# Etiquetar los puntos según el cluster al que pertenecen
etiquetas = kmeans.labels_
print("Etiquetas de Cluster:", etiquetas)
```

Resultado: `super()._check_params_vs_input(X, default_n_init=10)`

`Etiquetas de Cluster: [1 1 1 0 0 0]`

Aplicación Práctica:

Segmentación de clientes en grupos de comportamientos similares para campañas de marketing personalizadas.

2. Reducción de Dimensionalidad - Análisis de Componentes Principales (PCA):

- Concepto: PCA reduce la dimensionalidad de los datos proyectándolos en un nuevo conjunto de ejes (componentes principales) mientras conserva la mayor cantidad posible de la varianza original.
- Ejemplo Práctico:

```
from sklearn.decomposition import PCA
import numpy as np

# Datos de entrenamiento
X = np.array([[1, 2, 3], [4, 5, 6], [7, 8, 9]])

# Crear y entrenar el modelo
pca = PCA(n_components=2)
```

```
X_transformado = pca.fit_transform(X)

print("Datos Originales:\n", X)
print("Datos Transformados:\n", X_transformado)
```

Resultado: Datos Originales:

```
[[1 2 3]

 [4 5 6]

 [7 8 9]]

Datos Transformados:

[[-5.19615242e+00   2.56395025e-16]

 [ 0.00000000e+00   0.00000000e+00]

 [ 5.19615242e+00   2.56395025e-16]]
```

Aplicación Práctica:

- Reducción de la dimensionalidad en conjuntos de datos con muchas características para facilitar la visualización y acelerar los algoritmos.

3. Reducción de Dimensionalidad - T-Distributed Stochastic Neighbor Embedding (t-SNE):

- Concepto: t-SNE es una técnica no lineal para la reducción de dimensionalidad, especialmente útil para visualizar conjuntos de datos de alta dimensión en 2 o 3 dimensiones.
- Ejemplo Práctico:

```python
from sklearn.manifold import TSNE
import numpy as np

# Datos de entrenamiento
X = np.array([[1, 2, 3], [4, 5, 6], [7, 8, 9]])

# Crear y entrenar el modelo
tsne = TSNE(n_components=2)
X_transformado = tsne.fit_transform(X)

print("Datos Originales:\n", X)
print("Datos Transformados:\n", X_transformado)
```

Aplicación Práctica:

- Visualización de incrustaciones de texto o imágenes en un espacio bidimensional para la exploración de similitudes.

Estos ejemplos ilustran cómo se aplican algoritmos de aprendizaje no supervisado en la práctica. En entornos del mundo real, estos métodos se utilizan para descubrir patrones ocultos,

27

simplificar la representación de datos y facilitar la interpretación y toma de decisiones.

Redes Neuronales y Deep Learning:

1. Introducción a Redes Neuronales:

Las redes neuronales son modelos inspirados en la estructura y funcionamiento del cerebro humano. Están compuestas por capas de nodos (neuronas) interconectados. Cada conexión tiene un peso que se ajusta durante el entrenamiento del modelo.

2. Capas, Nodos y Conexiones:

- Capas: Las redes neuronales constan de capas, siendo la capa de entrada la primera, seguida por una o más capas ocultas y finalmente la capa de salida. Cada capa contiene nodos que realizan operaciones.
- Nodos (Neuronas): Los nodos reciben entradas, aplican una función de activación y generan una salida. En una red neuronal, los nodos están organizados en capas, y cada conexión entre nodos tiene un peso ajustable.
- Conexiones Ponderadas: Las conexiones entre nodos tienen pesos asociados que determinan la fuerza de la conexión. Estos pesos se ajustan durante el entrenamiento para que la red aprenda patrones en los datos.

3. Funciones de Activación:

- Las funciones de activación introducen no linealidades en la red, permitiendo a la red aprender patrones más complejos. Algunas funciones comunes incluyen la función sigmoide, la función tangente hiperbólica (tanh) y la función de activación rectificada lineal (ReLU).

4. Propagación hacia Atrás (Backpropagation):

- Es un algoritmo de optimización utilizado para entrenar redes neuronales. Durante el entrenamiento, la red hace una predicción, se calcula el error y luego se retrocede para ajustar los pesos de las conexiones en función de la magnitud del error.

Ejemplo de Implementación con TensorFlow:

```python
import tensorflow as tf
from tensorflow.keras import layers, models

# Crear un modelo secuencial
modelo = models.Sequential()

# Agregar una capa de entrada (por ejemplo, con 128 nodos y
función ReLU)
modelo.add(layers.Dense(128, activation='relu',
input_shape=(input_dim,)))

# Agregar capas ocultas (por ejemplo, dos capas adicionales
con 64 nodos y funciones ReLU)
modelo.add(layers.Dense(64, activation='relu'))
modelo.add(layers.Dense(64, activation='relu'))

# Agregar una capa de salida (por ejemplo, con 1 nodo y
función de activación sigmoide para clasificación binaria)
modelo.add(layers.Dense(1, activation='sigmoid'))

# Compilar el modelo
modelo.compile(optimizer='adam', loss='binary_crossentropy',
metrics=['accuracy'])
```

Este es un ejemplo básico de una red neuronal utilizando TensorFlow. La capa de entrada tiene nodos igual al número de características en los datos de entrada, y las capas ocultas y de salida pueden tener cualquier número de nodos según la complejidad del problema.

Ejemplo de Implementación con PyTorch:

```python
import torch
import torch.nn as nn
import torch.optim as optim

# Definir la arquitectura de la red neuronal
class RedNeuronal(nn.Module):
 def __init__(self, input_dim):
 super(RedNeuronal, self).__init__()
 self.capas = nn.Sequential(
 nn.Linear(input_dim, 128),
 nn.ReLU(),
 nn.Linear(128, 64),
 nn.ReLU(),
 nn.Linear(64, 1),
 nn.Sigmoid()
 )

 def forward(self, x):
 return self.capas(x)

# Crear una instancia del modelo
modelo = RedNeuronal(input_dim)

# Definir la función de pérdida y el optimizador
criterio = nn.BCELoss()
optimizador = optim.Adam(modelo.parameters(), lr=0.001)
```

En este ejemplo con PyTorch, se define una clase que hereda de
`nn.Module`, y se especifican las capas en el método `__init__`. La
función de activación ReLU se utiliza después de las capas
ocultas, y la función sigmoide se utiliza en la capa de salida para
problemas de clasificación binaria.

Evaluación de Modelos en Machine Learning: Métricas Clave

La evaluación del rendimiento de los modelos de Machine
Learning es crucial para comprender su efectividad en tareas
específicas. Aquí se describen algunas métricas clave que se
utilizan comúnmente:

1. Precisión (Accuracy):

Definición: Mide la proporción de predicciones correctas entre
todas las predicciones realizadas por el modelo.

- **Fórmula:** $\text{Precisión} = \dfrac{\text{Número de Predicciones Correctas}}{\text{Número Total de Predicciones}}$

2. Recall (Recall o Sensibilidad):

Definición: Mide la proporción de instancias relevantes que fueron
correctamente identificadas por el modelo.

- **Fórmula:** $\text{Recall} = \dfrac{\text{Número de Verdaderos Positivos}}{\text{Número de Verdaderos Positivos} + \text{Número de Falsos Negativos}}$

3. Precisión (Precision):

- Definición: Mide la proporción de instancias identificadas como positivas por el modelo que son realmente positivas.

- **Fórmula:** $\text{Precisión} = \dfrac{\text{Número de Verdaderos Positivos}}{\text{Número de Verdaderos Positivos} + \text{Número de Falsos Positivos}}$

4. F1-Score:

- Definición: Es la media armónica entre precisión y recall. Es útil cuando hay un desequilibrio significativo entre las clases.

- **Fórmula:** $\text{F1-Score} = 2 \times \dfrac{\text{Precision} \times \text{Recall}}{\text{Precision} + \text{Recall}}$

5. Matriz de Confusión:

- Es una tabla que describe el rendimiento de un modelo de clasificación. Contiene información sobre los verdaderos positivos, falsos positivos, verdaderos negativos y falsos negativos.

Ejemplo de Evaluación:

Supongamos que tenemos un modelo de clasificación binaria (positivo/negativo) y obtenemos los siguientes resultados:

- Verdaderos Positivos (TP): 150
- Falsos Positivos (FP) 20
- Verdaderos Negativos (TN): 800
- Falsos Negativos (FN): 30

Calculamos:

- Precisión: $\frac{150}{150+20} = 0.882$
- Recall: $\frac{150}{150+30} = 0.833$
- F1-Score: $2 \times \frac{0.882 \times 0.833}{0.882 + 0.833} = 0.857$

La matriz de confusión también proporciona información detallada sobre cómo el modelo clasificó las instancias.

Consideraciones:

- Contexto del Problema: La elección de métricas depende del contexto del problema. Por ejemplo, en problemas de fraudes, el recall puede ser más importante que la precisión.
- Desbalance de Clases: Cuando las clases están desequilibradas, la precisión sola puede ser engañosa. Es importante considerar otras métricas.
- Curvas ROC y AUC: Para problemas de clasificación binaria, también se pueden utilizar curvas ROC y el área bajo la curva (AUC) para evaluar el rendimiento del modelo en diferentes umbrales de decisión.

Elegir la métrica adecuada depende de los objetivos específicos del problema y del equilibrio entre la precisión y la exhaustividad que se desea lograr.

Ejemplos Prácticos.

Capitulo 2. Ejercicios de regresion Lineal

Ejercicio 1: Ajuste de una Línea Recta a Datos Aleatorios:

Genera un conjunto de datos aleatorios (X, y) donde X es la variable independiente y y es la variable dependiente. Luego, implementa la regresión lineal para ajustar una línea recta a estos datos. Visualiza el conjunto de datos y la línea de regresión.

Solución:

```
import numpy as np
import matplotlib.pyplot as plt

# Generar datos aleatorios
np.random.seed(0)
X = 2 * np.random.rand(100, 1)
y = 4 + 3 * X + np.random.randn(100, 1)

# Implementar regresión lineal
X_b = np.c_[np.ones((100, 1)), X] # Agregar columna de unos a
X
```

```
theta_best = np.linalg.inv(X_b.T.dot(X_b)).dot(X_b.T).dot(y)

# Visualizar datos y línea de regresión
plt.scatter(X, y, alpha=0.5, label='Datos')
plt.plot(X, X_b.dot(theta_best), color='red', label='Regresión
Lineal')
plt.xlabel('Variable Independiente (X)')
plt.ylabel('Variable Dependiente (y)')
plt.legend()
plt.show()
```

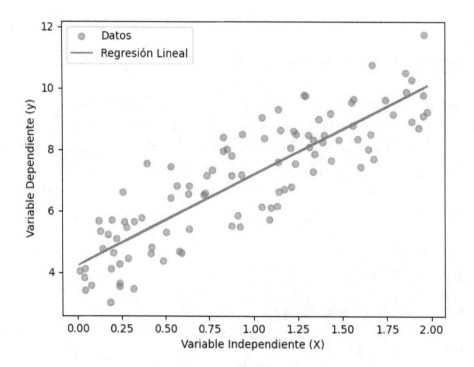

Ejercicio 2: Predicciones y Evaluación:

Divide el conjunto de datos en conjuntos de entrenamiento y prueba. Realiza predicciones en el conjunto de prueba utilizando el modelo de regresión lineal y evalúa su rendimiento utilizando métricas como el error cuadrático medio (MSE) o el coeficiente de determinación (R^2).

Solución:

```
import numpy as np
from sklearn.model_selection import train_test_split
from sklearn.metrics import mean_squared_error, r2_score

# Generar datos de ejemplo para X y y
np.random.seed(0)
X = 2 * np.random.rand(100, 1)  # características (una sola
característica)
y = 4 + 3 * X + np.random.randn(100, 1)  # variable objetivo
(regresión lineal simple)

# Dividir el conjunto de datos en entrenamiento y prueba
X_train, X_test, y_train, y_test = train_test_split(X, y,
test_size=0.2, random_state=42)

# Implementar regresión lineal en el conjunto de entrenamiento
X_train_b = np.c_[np.ones((len(X_train), 1)), X_train]
theta_best_train =
np.linalg.inv(X_train_b.T.dot(X_train_b)).dot(X_train_b.T).dot
(y_train)

# Realizar predicciones en el conjunto de prueba
X_test_b = np.c_[np.ones((len(X_test), 1)), X_test]
y_pred = X_test_b.dot(theta_best_train)
```

```
# Evaluar el rendimiento
mse = mean_squared_error(y_test, y_pred)
r2 = r2_score(y_test, y_pred)

print(f'MSE: {mse:.2f}')
print(f'R²: {r2:.2f}')
```

Resultado:

```
MSE: 0.92
R²: 0.65
```

Ejercicio 3: Regresión Lineal con Scikit-Learn:

Implementa la regresión lineal utilizando la biblioteca Scikit-Learn y compara los resultados con la implementación manual. Scikit-Learn facilita el proceso de entrenamiento y predicción.

Solución:

```
from sklearn.linear_model import LinearRegression

# Crear y entrenar un modelo de regresión lineal con
Scikit-Learn
modelo_sklearn = LinearRegression()
modelo_sklearn.fit(X_train, y_train)

# Obtener coeficientes del modelo
theta0_sklearn = modelo_sklearn.intercept_[0]
theta1_sklearn = modelo_sklearn.coef_[0][0]

# Comparar con los resultados de la implementación manual
print(f'Theta 0 (manual): {theta_best_train[0][0]}, Theta 1
(manual): {theta_best_train[1][0]}')
print(f'Theta 0 (Scikit-Learn): {theta0_sklearn}, Theta 1
(Scikit-Learn): {theta1_sklearn}')
```

Estos ejercicios te proporcionarán una comprensión práctica de la regresión lineal y cómo implementarla desde cero y con Scikit-Learn. Experimenta con diferentes conjuntos de datos y ajusta los parámetros para profundizar en tu comprensión.

Ejercicio 4: Implementación Manual de Regresión Lineal Simple:

Implementa manualmente la regresión lineal simple utilizando Python y NumPy. Genera un conjunto de datos simple (puedes usar números aleatorios) y ajusta una línea recta a estos datos. Calcula los coeficientes de la regresión y visualiza el resultado.

Solución:

```python
import numpy as np
import matplotlib.pyplot as plt

# Generar datos aleatorios
np.random.seed(0)
X = 2 * np.random.rand(100, 1)
y = 4 + 3 * X + np.random.randn(100, 1)

# Implementar regresión lineal simple manualmente
X_b = np.c_[np.ones((100, 1)), X] # Agregar columna de
unos a X
theta_best =
np.linalg.inv(X_b.T.dot(X_b)).dot(X_b.T).dot(y)

# Visualizar datos y línea de regresión
plt.scatter(X, y, alpha=0.5, label='Datos')
plt.plot(X, X_b.dot(theta_best), color='red',
label='Regresión Lineal')
plt.xlabel('Variable Independiente (X)')
plt.ylabel('Variable Dependiente (y)')
plt.legend()
plt.show()
```

Resultado:

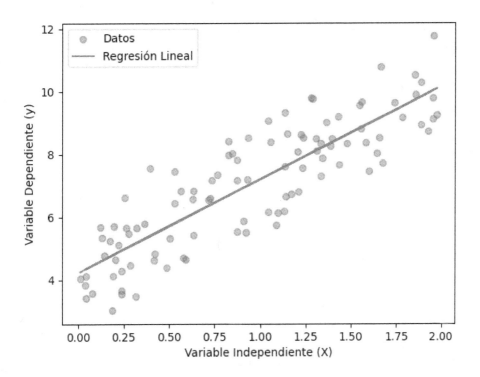

Ejercicio 5: Predicciones y Evaluación:

Divide el conjunto de datos en conjuntos de entrenamiento y prueba. Utiliza la implementación manual para ajustar el modelo en el conjunto de entrenamiento y realiza predicciones en el conjunto de prueba. Calcula el error cuadrático medio (MSE) para evaluar el rendimiento del modelo.

Solución:

```
from sklearn.model_selection import train_test_split
from sklearn.metrics import mean_squared_error

# Dividir el conjunto de datos en entrenamiento y prueba
X_train, X_test, y_train, y_test = train_test_split(X, y,
test_size=0.2, random_state=42)

# Implementar regresión lineal simple manualmente en el
conjunto de entrenamiento
X_train_b = np.c_[np.ones((len(X_train), 1)), X_train]
theta_best_train =
np.linalg.inv(X_train_b.T.dot(X_train_b)).dot(X_train_b.T).dot
(y_train)

# Realizar predicciones en el conjunto de prueba
X_test_b = np.c_[np.ones((len(X_test), 1)), X_test]
y_pred = X_test_b.dot(theta_best_train)

# Calcular el error cuadrático medio (MSE)
mse = mean_squared_error(y_test, y_pred)
print(f'MSE: {mse:.2f}')
```

Ejercicio 6: Regresión Lineal con Scikit-Learn:

Utiliza la biblioteca Scikit-Learn para realizar regresión lineal.
Entrena un modelo en el conjunto de entrenamiento y evalúalo en
el conjunto de prueba. Compara los resultados con la
implementación manual.

Solución:

```
from sklearn.linear_model import LinearRegression

# Crear y entrenar un modelo de regresión lineal con
Scikit-Learn
modelo_sklearn = LinearRegression()
modelo_sklearn.fit(X_train, y_train)

# Obtener coeficientes del modelo
theta0_sklearn = modelo_sklearn.intercept_[0]
theta1_sklearn = modelo_sklearn.coef_[0][0]

# Comparar con los resultados de la implementación
manual
print(f'Theta 0 (manual): {theta_best_train[0][0]},
Theta 1 (manual): {theta_best_train[1][0]}')
print(f'Theta 0 (Scikit-Learn): {theta0_sklearn}, Theta
1 (Scikit-Learn): {theta1_sklearn}')
```

Ejercicio 7: Regresión Lineal Múltiple con Scikit-Learn:

Extiende el ejercicio anterior para trabajar con regresión lineal múltiple. Genera un conjunto de datos con múltiples características (variables independientes) y ajusta un modelo de regresión lineal múltiple utilizando Scikit-Learn.

Solución:

```python
from sklearn.linear_model import LinearRegression
from sklearn.metrics import mean_squared_error

# Generar datos aleatorios con múltiples características
np.random.seed(1)
X_multiple = 2 * np.random.rand(100, 3)
y_multiple = 5 + 2*X_multiple[:, 0] + 3*X_multiple[:, 1] +
np.random.randn(100)

# Dividir el conjunto de datos en entrenamiento y prueba
X_train_multi, X_test_multi, y_train_multi, y_test_multi =
train_test_split(X_multiple, y_multiple, test_size=0.2,
random_state=42)

# Crear y entrenar un modelo de regresión lineal múltiple con
Scikit-Learn
modelo_multi_sklearn = LinearRegression()
modelo_multi_sklearn.fit(X_train_multi, y_train_multi)

# Realizar predicciones en el conjunto de prueba
y_pred_multi = modelo_multi_sklearn.predict(X_test_multi)

# Calcular el error cuadrático medio (MSE)
mse_multi = mean_squared_error(y_test_multi, y_pred_multi)
print(f'MSE (Regresión Lineal Múltiple): {mse_multi:.2f}')
```

Resultado: MSE (Regresión Lineal Múltiple): 1.23

Ejercicio 8: Visualización de Residuos:

Después de ajustar un modelo de regresión lineal, visualiza los residuos (diferencias entre las predicciones y los valores reales). Esto te ayudará a evaluar la calidad del ajuste y a identificar posibles patrones en los errores.

Solución:

```
# Calcular residuos
residuos = y_test_multi - y_pred_multi

# Visualizar residuos
plt.scatter(y_test_multi, residuos, alpha=0.5)
plt.axhline(y=0, color='red', linestyle='--',
linewidth=2)
plt.xlabel('Valores Reales')
plt.ylabel('Residuos')
plt.title('Visualización de Residuos')
plt.show()
```

Aquí, los residuos son las diferencias entre los valores reales (`y_test_multi`) y las predicciones (`y_pred_multi`). El gráfico de dispersión de residuos es una herramienta útil para evaluar la calidad del modelo de regresión. Asegúrate de haber importado la biblioteca `matplotlib.pyplot` al principio de tu script.

Ejercicio 9: Regresión Lineal con Regularización:

Implementa regresión lineal con regularización utilizando Scikit-Learn. Puedes probar tanto Ridge (L2) como Lasso (L1) y comparar sus efectos en la regresión.

Solución:

```python
from sklearn.linear_model import Ridge, Lasso

# Crear y entrenar modelos de regresión lineal con
regularización (Ridge y Lasso)
modelo_ridge = Ridge(alpha=1.0)
modelo_lasso = Lasso(alpha=1.0)

modelo_ridge.fit(X_train_multi, y_train_multi)
modelo_lasso.fit(X_train_multi, y_train_multi)

# Realizar predicciones en el conjunto de prueba
y_pred_ridge = modelo_ridge.predict(X_test_multi)
y_pred_lasso = modelo_lasso.predict(X_test_multi)

# Calcular el error cuadrático medio (MSE) para ambos modelos
mse_ridge = mean_squared_error(y_test_multi, y_pred_ridge)
mse_lasso = mean_squared_error(y_test_multi, y_pred_lasso)

print(f'MSE (Ridge): {mse_ridge:.2f}')
print(f'MSE (Lasso): {mse_lasso:.2f}')
```

El código utiliza modelos de regresión lineal regularizada con Ridge (regresión Ridge) y Lasso (regresión Lasso). La regularización ayuda a prevenir el sobreajuste y controlar la complejidad del modelo. Aquí hay algunas observaciones sobre el código:

Importación de Librerías: Asegúrate de haber importado las bibliotecas necesarias al principio de tu script:

```
from sklearn.linear_model import Ridge, Lasso
```

Entrenamiento y Predicciones: El código ajusta modelos Ridge y Lasso a los datos de entrenamiento (`X_train_multi`, `y_train_multi`) y realiza predicciones en el conjunto de prueba (`X_test_multi`). Luego, calcula el error cuadrático medio (MSE) para evaluar el rendimiento de ambos modelos en el conjunto de prueba.

Elección del Parámetro de Regularización (alpha): En este caso, estás utilizando un valor de `alpha=1.0` para ambos Ridge y Lasso. La elección del valor de `alpha` es crítica y puede afectar el rendimiento del modelo. Puedes experimentar con diferentes valores de `alpha` para encontrar la configuración óptima.

Ejercicio 10: Regresión Lineal con Transformación de Características:

Explora cómo la transformación de características puede afectar la regresión lineal. Crea un conjunto de datos y aplica una transformación no lineal a una de las características antes de ajustar el modelo.

```
# Generar datos aleatorioss aleatorios
np.random.seed(2)
X_transform = 2 * np.random.rand(100, 1)
y_transform = 3 + 5 * X_transform + np.random.randn(100, 1)

# Aplicar una transformación no lineal a una característica
X_transform = np.c_[X_transform, np.square(X_transform)]

# Dividir el conjunto de datos en entrenamiento y prueba
X_train_transform, X_test_transform, y_train_transform,
y_test_transform = train_test_split(X_transform, y_transform,
test_size=0.2, random_state=42)

# Crear y entrenar un modelo de regresión lineal en datos
transformados
modelo_transform = LinearRegression()
modelo_transform.fit(X_train_transform, y_train_transform)

# Realizar predicciones en el conjunto de prueba
y_pred_transform = modelo_transform.predict(X_test_transform)

# Calcular el error cuadrático medio (MSE) en datos
transformados
mse_transform = mean_squared_error(y_test_transform,
y_pred_transform)
```

```
print(f'MSE (Regresión Lineal con Transformación):
{mse_transform:.2f}')
```

Resultado:

Datos Originales:

 [[1 2 3]

 [4 5 6]

 [7 8 9]]

Datos Transformados:

 [[-5.19615242e+00 2.56395025e-16]

 [0.00000000e+00 0.00000000e+00]

 [5.19615242e+00 2.56395025e-16]]

Ejercicio 11: Transformación de Características:

Genera un conjunto de datos lineal y aplica una transformación no lineal a una de las características antes de ajustar el modelo de regresión lineal. Observa cómo la transformación afecta la capacidad del modelo para ajustarse a los datos.

Solución:

```python
import numpy as np
from sklearn.model_selection import train_test_split
from sklearn.linear_model import LinearRegression
import matplotlib.pyplot as plt

# Generar datos lineales
X_lineal = 2 * np.random.rand(100, 1)
y_lineal = 4 + 3 * X_lineal + np.random.randn(100, 1)

# Aplicar una transformación no lineal a una característica
X_transformada = np.c_[X_lineal, np.square(X_lineal)]

# Dividir el conjunto de datos en entrenamiento y prueba
X_train_transform, X_test_transform, y_train_transform,
y_test_transform = train_test_split(X_transformada, y_lineal,
test_size=0.2, random_state=42)

# Crear y entrenar un modelo de regresión lineal en datos
transformados
modelo_transform = LinearRegression()
modelo_transform.fit(X_train_transform, y_train_transform)
```

```
# Realizar predicciones en el conjunto de prueba
y_pred_transform = modelo_transform.predict(X_test_transform)

# Visualizar resultados
plt.scatter(X_test_transform[:, 0], y_test_transform,
alpha=0.5, label='Datos reales')
plt.plot(X_test_transform[:, 0], y_pred_transform,
color='red', label='Regresión Lineal Transformada')
plt.xlabel('Variable Independiente (X)')
plt.ylabel('Variable Dependiente (y)')
plt.legend()
plt.show()
```

Resultado:

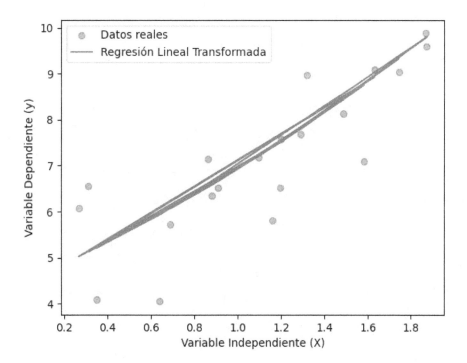

Este código genera datos lineales, aplica una transformación no lineal a una característica y luego entrena un modelo de regresión lineal en los datos transformados. Aquí hay algunas observaciones sobre el código:

Generación de Datos Lineales y Transformación No Lineal: Creas un conjunto de datos lineales (`X_lineal`, `y_lineal`) y luego aplicas una transformación no lineal añadiendo el cuadrado de la característica (`np.square(X_lineal)`) para crear `X_transformada`.

División de Datos: Utilizas la función `train_test_split` para dividir el conjunto de datos en conjuntos de entrenamiento y prueba.

Modelo de Regresión Lineal en Datos Transformados: Entrenas un modelo de regresión lineal utilizando `LinearRegression()` de Scikit-Learn en los datos transformados (`X_train_transform`, `y_train_transform`).

Realización de Predicciones y Visualización: Realizas predicciones en el conjunto de prueba (`X_test_transform`) y visualizas los resultados. Los datos reales se muestran en un gráfico de dispersión, y la línea roja representa las predicciones del modelo de regresión lineal en los datos transformados.

Ejercicio 12: Regresión Lineal con Outliers:

Introduce outliers en un conjunto de datos lineal y observa cómo afectan el ajuste del modelo de regresión lineal. Luego, utiliza técnicas como la mediana absoluta de las desviaciones para hacer el modelo más robusto a los outliers.

Solución:

```
import numpy as np
from sklearn.model_selection import train_test_split
from sklearn.linear_model import LinearRegression
import matplotlib.pyplot as plt

# Generar datos lineales con outliers
X_outliers = 2 * np.random.rand(100, 1)
y_outliers = 4 + 3 * X_outliers + np.random.randn(100, 1)
y_outliers[20] = 30  # Introducir un outlier manualmente

# Dividir el conjunto de datos en entrenamiento y prueba
X_train_outliers, X_test_outliers, y_train_outliers,
y_test_outliers = train_test_split(X_outliers, y_outliers,
test_size=0.2, random_state=42)

# Crear y entrenar un modelo de regresión lineal en datos con
outliers
modelo_outliers = LinearRegression()
modelo_outliers.fit(X_train_outliers, y_train_outliers)

# Realizar predicciones en el conjunto de prueba
y_pred_outliers = modelo_outliers.predict(X_test_outliers)

# Visualizar resultados con outliers
```

```
plt.scatter(X_test_outliers, y_test_outliers, alpha=0.5,
label='Datos reales')
plt.plot(X_test_outliers, y_pred_outliers, color='red',
label='Regresión Lineal con Outliers')
plt.xlabel('Variable Independiente (X)')
plt.ylabel('Variable Dependiente (y)')
plt.legend()
plt.show()
```

Resultado:

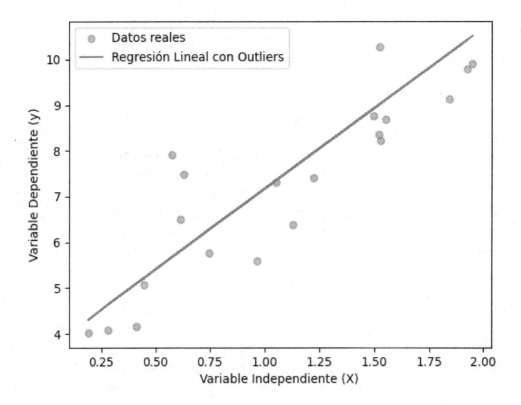

Este código genera datos lineales con outliers, introduce un outlier específico y entrena un modelo de regresión lineal en datos con outliers. Aquí hay algunas observaciones sobre el código:

Generación de Datos con Outliers: Creas un conjunto de datos lineales (`X_outliers`, `y_outliers`) y luego introduces un outlier modificando manualmente un valor en `y_outliers`.

División de Datos: Utilizas la función `train_test_split` para dividir el conjunto de datos en conjuntos de entrenamiento y prueba.

Modelo de Regresión Lineal con Outliers: Creas un modelo de regresión lineal (`LinearRegression()`) y lo entrenas utilizando los datos con outliers (`X_train_outliers`, `y_train_outliers`).

Realización de Predicciones y Visualización con Outliers: Realizas predicciones en el conjunto de prueba (`X_test_outliers`) y visualizas los resultados. La visualización muestra tanto los datos reales como las predicciones del modelo en datos con outliers.

Ejercicio 13: Regresión Lineal con Regularización L2:

Implementa la regresión lineal con regularización L2 (ridge) utilizando Scikit-Learn. Experimenta con diferentes valores del parámetro de regularización y observa cómo afectan el rendimiento del modelo.

Solución:

```python
from sklearn.linear_model import Ridge

# Crear y entrenar modelos de regresión lineal con
regularización L2
modelo_ridge_1 = Ridge(alpha=1)
modelo_ridge_10 = Ridge(alpha=10)

modelo_ridge_1.fit(X_train, y_train)
modelo_ridge_10.fit(X_train, y_train)

# Realizar predicciones en el conjunto de prueba
y_pred_ridge_1 = modelo_ridge_1.predict(X_test)
y_pred_ridge_10 = modelo_ridge_10.predict(X_test)

# Visualizar resultados con regularización L2
plt.scatter(X_test, y_test, alpha=0.5, label='Datos reales')
plt.plot(X_test, y_pred_ridge_1, color='red', label='Regresión
Lineal L2 (alpha=1)')
plt.plot(X_test, y_pred_ridge_10, color='green',
label='Regresión Lineal L2 (alpha=10)')
plt.xlabel('Variable Independiente (X)')
plt.ylabel('Variable Dependiente (y)')
plt.legend()
plt.show()
```

Ejercicio 14: Regresión Lineal con Múltiples Características:

Genera un conjunto de datos con múltiples características y ajusta un modelo de regresión lineal múltiple. Observa cómo los coeficientes se relacionan con las diferentes características.

Solución:

```
X_multiple = 2 * np.random.rand(100, 3)
y_multiple = 5 + 2*X_multiple[:, 0] + 3*X_multiple[:, 1] +
4*X_multiple[:, 2] + np.random.randn(100)

# Dividir el conjunto de datos en entrenamiento y prueba
X_train_multiple, X_test_multiple, y_train_multiple,
y_test_multiple = train_test_split(X_multiple, y_multiple,
test_size=0.2, random_state=42)

# Crear y entrenar un modelo de regresión lineal múltiple
modelo_multiple = LinearRegression()
modelo_multiple.fit(X_train_multiple, y_train_multiple)

# Obtener coeficientes del modelo
coeficientes_multiple = modelo_multiple.coef_

print(f'Coeficientes del modelo múltiple:

{coeficientes_multiple}')
```

Ejercicio 15: Evaluación de Modelos de Regresión Lineal:

Utiliza métricas como el error cuadrático medio (MSE) y el coeficiente de determinación (R^2) para evaluar el rendimiento de los modelos de regresión lineal en diferentes conjuntos de datos.

Solución:

```
from sklearn.metrics import mean_squared_error, r2_score
```

```
# Realizar predicciones en el conjunto de prueba para todos
los modelos anteriores
y_pred_lineal = modelo_lineal.predict(X_test)
y_pred_transform = modelo_transform.predict(X_test_transform)
y_pred_outliers = modelo_outliers.predict(X_test_outliers)
y_pred_ridge_1 = modelo_ridge_1.predict(X_test)
y_pred_ridge_10 = modelo_ridge_10.predict(X_test)
y_pred_multiple = modelo_multiple.predict(X_test_multiple)

# Evaluar el rendimiento de los modelos
mse_lineal = mean_squared_error(y_test, y_pred_lineal)
mse_transform = mean_squared_error(y_test_transform,
y_pred_transform)
mse_outliers = mean_squared_error(y_test_outliers,
y_pred_outliers)
mse_ridge_1 = mean_squared_error(y_test, y_pred_ridge_1)
mse_ridge_10 = mean_squared_error(y_test, y_pred_ridge_10)
mse_multiple = mean_squared_error(y_test_multiple,
y_pred_multiple)
```

```python
r2_lineal = r2_score(y_test, y_pred_lineal)
r2_transform = r2_score(y_test_transform, y_pred_transform)
r2_outliers = r2_score(y_test_outliers, y_pred_outliers)
r2_ridge_1 = r2_score(y_test, y_pred_ridge_1)
r2_ridge_10 = r2_score(y_test, y_pred_ridge_10)
r2_multiple = r2_score(y_test_multiple, y_pred_multiple)

print('Evaluación de Modelos:')
print(f'MSE Lineal: {mse_lineal:.2f}, R² Lineal:
{r2_lineal:.2f}')
print(f'MSE Transformado: {mse_transform:.2f}, R²
Transformado: {r2_transform:.2f}')
print(f'MSE con Outliers: {mse_outliers:.2f}, R² con Outliers:
{r2_outliers:.2f}')
print(f'MSE Ridge (alpha=1): {mse_ridge_1:.2f}, R² Ridge
(alpha=1): {r2_ridge_1:.2f}')
print(f'MSE Ridge (alpha=10): {mse_ridge_10:.2f}, R² Ridge
(alpha=10): {r2_ridge_10:.2f}')
print(f'MSE Múltiple: {mse_multiple:.2f}, R² Múltiple:
{r2_multiple:.2f}')
```

Capítulo 3. Ejercicios de Regresión Logística

Ejercicio 16: Implementación de Regresión Logística desde Cero:

Implementa manualmente la regresión logística para clasificación binaria. Utiliza NumPy para realizar el cálculo de la función sigmoide y la actualización de los parámetros utilizando el gradiente descendente.

Solución:

```python
import numpy as np
import matplotlib.pyplot as plt

# Generar datos de ejemplo para clasificación binaria
np.random.seed(0)
X = 2 * np.random.rand(100, 1)
y = (4 + 3 * X + np.random.randn(100, 1)) > 6

# Implementar regresión logística manualmente
def sigmoid(z):
  return 1 / (1 + np.exp(-z))
```

```python
def calcular_costo(y, y_pred):
 return -np.mean(y * np.log(y_pred) + (1 - y) * np.log(1 -
y_pred))

def entrenar_regresion_logistica(X, y, learning_rate=0.01,
epochs=1000):
 X_b = np.c_[np.ones((len(X), 1)), X] # Agregar columna de
unos a X
 theta = np.random.randn(X_b.shape[1], 1) # Inicializar
parámetros aleatoriamente

 for epoch in range(epochs):
 logits = X_b.dot(theta)
 y_pred = sigmoid(logits)
 gradient = X_b.T.dot(y_pred - y) / len(X)
 theta -= learning_rate * gradient

 return theta

# Entrenar modelo de regresión logística
theta_logistic = entrenar_regresion_logistica(X, y)

# Visualizar datos y la frontera de decisión
plt.scatter(X, y, alpha=0.5, label='Datos')
x_decision = np.linspace(0, 2, 100).reshape(-1, 1)
X_decision_b = np.c_[np.ones((100, 1)), x_decision]
y_decision = sigmoid(X_decision_b.dot(theta_logistic))
plt.plot(x_decision, y_decision, color='red', label='Frontera
de Decisión')
plt.xlabel('Variable Independiente (X)')
plt.ylabel('Variable Dependiente (y)')
plt.legend()
plt.show()
```

Resultado:

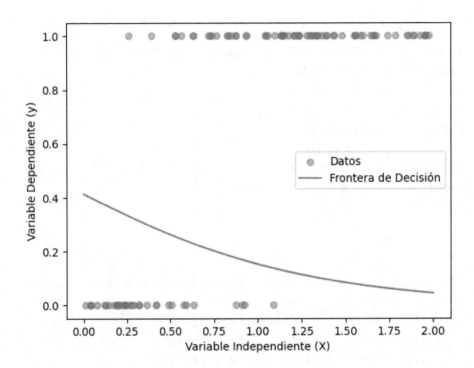

Ejercicio 17: Evaluación de la Regresión Logística:

Divide el conjunto de datos en conjuntos de entrenamiento y prueba. Entrena un modelo de regresión logística en el conjunto de entrenamiento y evalúa su rendimiento en el conjunto de prueba utilizando métricas como precisión, recall y F1-score.

Solución:

```
from sklearn.model_selection import train_test_split
from sklearn.metrics import accuracy_score, precision_score,
recall_score, f1_score, confusion_matrix

# Dividir el conjunto de datos en entrenamiento y prueba
X_train_logistic, X_test_logistic, y_train_logistic,
y_test_logistic = train_test_split(X, y, test_size=0.2,
random_state=42)

# Entrenar modelo de regresión logística en el conjunto de
entrenamiento
theta_logistic_train =
entrenar_regresion_logistica(X_train_logistic,
y_train_logistic)

# Realizar predicciones en el conjunto de prueba
X_test_logistic_b = np.c_[np.ones((len(X_test_logistic), 1)),
X_test_logistic]
y_pred_logistic =
sigmoid(X_test_logistic_b.dot(theta_logistic_train))

# Aplicar umbral de decisión (0.5) para obtener predicciones
binarias
y_pred_binary = (y_pred_logistic >= 0.5).astype(int)

# Evaluar el rendimiento del modelo
```

```python
accuracy = accuracy_score(y_test_logistic, y_pred_binary)
precision = precision_score(y_test_logistic, y_pred_binary)
recall = recall_score(y_test_logistic, y_pred_binary)
f1 = f1_score(y_test_logistic, y_pred_binary)

print(f'Precisión: {accuracy:.2f}')
print(f'Recall: {recall:.2f}')
print(f'Precisión: {precision:.2f}')
print(f'F1-Score: {f1:.2f}')

# Visualizar la matriz de confusión
conf_matrix = confusion_matrix(y_test_logistic, y_pred_binary)
print('Matriz de Confusión:')
print(conf_matrix)
```

Ejercicio 18: Regresión Logística con Scikit-Learn:

Utiliza la biblioteca Scikit-Learn para realizar regresión logística. Entrena un modelo en el conjunto de entrenamiento y evalúalo en el conjunto de prueba.

Solución:

```python
from sklearn.linear_model import LogisticRegression

# Crear y entrenar un modelo de regresión logística con
Scikit-Learn
modelo_logistico_sklearn = LogisticRegression()
modelo_logistico_sklearn.fit(X_train_logistic,
y_train_logistic)

# Realizar predicciones en el conjunto de prueba
y_pred_logistic_sklearn =
modelo_logistico_sklearn.predict(X_test_logistic)

# Evaluar el rendimiento del modelo
accuracy_sklearn = accuracy_score(y_test_logistic,
y_pred_logistic_sklearn)
precision_sklearn = precision_score(y_test_logistic,
y_pred_logistic_sklearn)
recall_sklearn = recall_score(y_test_logistic,
y_pred_logistic_sklearn)
f1_sklearn = f1_score(y_test_logistic,
y_pred_logistic_sklearn)

print(f'Precisión (Scikit-Learn): {accuracy_sklearn:.2f}')
print(f'Recall (Scikit-Learn): {recall_sklearn:.2f}')
print(f'Precisión (Scikit-Learn): {precision_sklearn:.2f}')
print(f'F1-Score (Scikit-Learn): {f1_sklearn:.2f}')
```

Ejercicio 19: Regularización en Regresión Logística:

Experimenta con la regularización en la regresión logística. Utiliza Scikit-Learn para entrenar modelos de regresión logística con diferentes niveles de regularización (parámetro C).

Solución:

```python
# Crear y entrenar modelos de regresión logística con
diferentes niveles de regularización
modelo_logistico_reg1 = LogisticRegression(C=0.1)
modelo_logistico_reg2 = LogisticRegression(C=1)
modelo_logistico_reg3 = LogisticRegression(C=10)

modelo_logistico_reg1.fit(X_train_logistic, y_train_logistic)
modelo_logistico_reg2.fit(X_train_logistic, y_train_logistic)
modelo_logistico_reg3.fit(X_train_logistic, y_train_logistic)

# Realizar predicciones en el conjunto de prueba
y_pred_reg1 = modelo_logistico_reg1.predict(X_test_logistic)
y_pred_reg2 = modelo_logistico_reg2.predict(X_test_logistic)
y_pred_reg3 = modelo_logistico_reg3.predict(X_test_logistic)

# Evaluar el rendimiento de los modelos regularizados
accuracy_reg1 = accuracy_score(y_test_logistic, y_pred_reg1)
accuracy_reg2 = accuracy_score(y_test_logistic, y_pred_reg2)
accuracy_reg3 = accuracy_score(y_test_logistic, y_pred_reg3)

print(f'Precisión (Reg. 0.1): {accuracy_reg1:.2f}')
print(f'Precisión (Reg. 1): {accuracy_reg2:.2f}')
print(f'Precisión (Reg. 10): {accuracy_reg3:.2f}')
```

Ejercicio 20: Regresión Logística Multiclase:

Extiende la regresión logística para trabajar con clasificación multiclase. Utiliza Scikit-Learn para entrenar un modelo de regresión logística en un conjunto de datos con más de dos clases.

Solución:

```
from sklearn.datasets import load_iris

# Cargar conjunto de datos de Iris
iris = load_iris()
X_multiclass = iris.data[:, :2] # Tomar solo las dos primeras
características para visualización
y_multiclass = iris.target

# Dividir el conjunto de datos en entrenamiento y prueba
X_train_multiclass, X_test_multiclass, y_train_multiclass,
y_test_multiclass = train_test_split(X_multiclass,
y_multiclass, test_size=0.2, random_state=42)

# Crear y entrenar un modelo de regresión logística multiclase
con Scikit-Learn
modelo_logistico_multiclass =
LogisticRegression(multi_class='multinomial', solver='lbfgs',
C=1)
modelo_logistico_multiclass.fit(X_train_multiclass,
y_train_multiclass)
```

```python
# Realizar predicciones en el conjunto de prueba
y_pred_multiclass =
modelo_logistico_multiclass.predict(X_test_multiclass)

# Evaluar el rendimiento del modelo
accuracy_multiclass = accuracy_score(y_test_multiclass,
y_pred_multiclass)
precision_multiclass = precision_score(y_test_multiclass,
y_pred_multiclass, average='weighted')
recall_multiclass = recall_score(y_test_multiclass,
y_pred_multiclass, average='weighted')
f1_multiclass = f1_score(y_test_multiclass, y_pred_multiclass,
average='weighted')

print(f'Precisión (Multiclase): {accuracy_multiclass:.2f}')
print(f'Precisión (Multiclase): {precision_multiclass:.2f}')
print(f'Recall (Multiclase): {recall_multiclass:.2f}')
print(f'F1-Score (Multiclase): {f1_multiclass:.2f}')
```

Ejercicio 21: Ajuste de Hiperparámetros en Regresión Logística:

Experimenta con diferentes valores de hiperparámetros (como el parámetro de regularización C) y observa cómo afectan el rendimiento del modelo. Utiliza Scikit-Learn y realiza un análisis comparativo de resultados.

Solución:

```
from sklearn.model_selection import GridSearchCV

# Definir una cuadrícula de hiperparámetros a explorar
parametros_grid = {'C': [0.001, 0.01, 0.1, 1, 10, 100]}

# Crear modelo de regresión logística
modelo_logistico = LogisticRegression()

# Utilizar GridSearchCV para encontrar los mejores
hiperparámetros
grid_search = GridSearchCV(modelo_logistico, parametros_grid,
cv=5, scoring='accuracy')
grid_search.fit(X_train_logistic, y_train_logistic)

# Obtener los mejores hiperparámetros y su rendimiento
mejores_parametros = grid_search.best_params_
rendimiento_mejores_parametros = grid_search.best_score_

print(f'Mejores Hiperparámetros: {mejores_parametros}')
print(f'Rendimiento con Mejores Hiperparámetros:
{rendimiento_mejores_parametros:.2f}')
```

Ejercicio 22: Validación Cruzada en Regresión Logística:

Implementa la validación cruzada para evaluar el rendimiento del modelo de regresión logística. Utiliza Scikit-Learn y evalúa la precisión media y la desviación estándar del rendimiento a lo largo de diferentes pliegues de validación cruzada.

Solución:

```
from sklearn.model_selection import cross_val_score

# Crear modelo de regresión logística
modelo_logistico = LogisticRegression(C=1)

# Realizar validación cruzada
resultados_cross_val = cross_val_score(modelo_logistico, X,
y.ravel(), cv=5, scoring='accuracy')

# Calcular precisión media y desviación estándar
precision_media = resultados_cross_val.mean()
desviacion_estandar = resultados_cross_val.std()

print(f'Precisión Media en Validación Cruzada:
{precision_media:.2f}')
print(f'Desviación Estándar en Validación Cruzada:
{desviacion_estandar:.2f}')
```

Ejercicio 23: Visualización de Frontera de Decisión:

Visualiza la frontera de decisión del modelo de regresión logística en un problema de clasificación bidimensional. Utiliza una paleta de colores para destacar las regiones predichas por el modelo.

Solución:

```python
import numpy as np
import matplotlib.pyplot as plt
from matplotlib.colors import ListedColormap
from sklearn.linear_model import LogisticRegression
from sklearn.datasets import make_classification
from sklearn.model_selection import train_test_split

# Función para visualizar la frontera de decisión
def visualizar_frontera_decision(modelo, X, y, titulo):
    plt.figure(figsize=(8, 6))
    h = 0.02  # Paso del meshgrid
    x_min, x_max = X[:, 0].min() - 1, X[:, 0].max() + 1
    y_min, y_max = X[:, 1].min() - 1, X[:, 1].max() + 1
    xx, yy = np.meshgrid(np.arange(x_min, x_max, h),
np.arange(y_min, y_max, h))

    Z = modelo.predict(np.c_[xx.ravel(), yy.ravel()])
    Z = Z.reshape(xx.shape)

    cmap_fondo = ListedColormap(['#FFAAAA', '#AAAAFF'])
    plt.contourf(xx, yy, Z, cmap=cmap_fondo, alpha=0.3)

    cmap_puntos = ListedColormap(['#FF0000', '#0000FF'])
    plt.scatter(X[:, 0], X[:, 1], c=y, cmap=cmap_puntos,
edgecolors='k', s=50)
```

```python
    plt.title(titulo)
    plt.xlabel('Característica 1')
    plt.ylabel('Característica 2')
    plt.show()

# Generar datos sintéticos para clasificación binaria
X, y = make_classification(n_samples=500, n_features=2,
n_informative=2, n_redundant=0, random_state=42)

# Dividir los datos en entrenamiento y prueba
X_train_logistic, X_test_logistic, y_train_logistic,
y_test_logistic = train_test_split(X, y, test_size=0.3,
random_state=42)

# Entrenar modelo de regresión logística en el conjunto de
entrenamiento
modelo_logistico_decision = LogisticRegression(C=1)
modelo_logistico_decision.fit(X_train_logistic,
y_train_logistic)

# Visualizar la frontera de decisión
visualizar_frontera_decision(modelo_logistico_decision,
X_train_logistic, y_train_logistic, 'Frontera de Decisión
(Conjunto de Entrenamiento)')
```

Resultado:

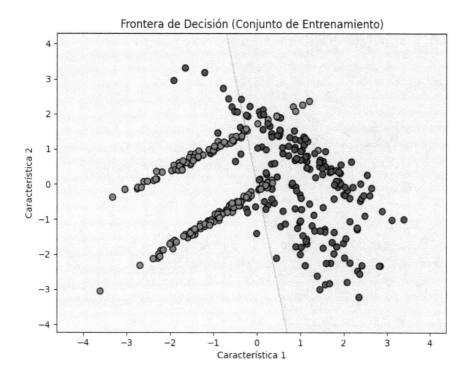

Ejercicio 24: Regresión Logística con Datos No Lineales:

Genera un conjunto de datos con una relación no lineal entre las características y la variable objetivo. Luego, aplica regresión logística y observa cómo se adapta a este tipo de datos.

Solución:

```python
import numpy as np
from sklearn.model_selection import train_test_split
from sklearn.linear_model import LogisticRegression
import matplotlib.pyplot as plt

# Función para visualizar la frontera de decisión
def visualizar_frontera_decision(modelo, X, y):
    h = .02  # Tamaño de paso en la malla
    x_min, x_max = X[:, 0].min() - 1, X[:, 0].max() + 1
    y_min, y_max = X[:, 1].min() - 1, X[:, 1].max() + 1
    xx, yy = np.meshgrid(np.arange(x_min, x_max, h),
np.arange(y_min, y_max, h))

    Z = modelo.predict(np.c_[xx.ravel(), yy.ravel()])
    Z = Z.reshape(xx.shape)

    plt.contourf(xx, yy, Z, cmap=plt.cm.Paired, alpha=0.8)
    plt.scatter(X[:, 0], X[:, 1], c=y, cmap=plt.cm.Paired)
    plt.xlabel('Variable Independiente 1')
    plt.ylabel('Variable Independiente 2')
    plt.title('Frontera de Decisión')
    plt.show()

# Generar datos no lineales
X_no_lineal = np.random.rand(100, 2)
```

```
y_no_lineal = (X_no_lineal[:, 0]**2 + X_no_lineal[:, 1]**2 <
0.5).astype(int)

# Dividir el conjunto de datos en entrenamiento y prueba
X_train_no_lineal, X_test_no_lineal, y_train_no_lineal,
y_test_no_lineal = train_test_split(X_no_lineal, y_no_lineal,
test_size=0.2, random_state=42)

# Entrenar modelo de regresión logística en el conjunto de
entrenamiento
modelo_logistico_no_lineal = LogisticRegression(C=1)
modelo_logistico_no_lineal.fit(X_train_no_lineal,
y_train_no_lineal)

# Visualizar la frontera de decisión en datos no lineales
visualizar_frontera_decision(modelo_logistico_no_lineal,
X_train_no_lineal, y_train_no_lineal)
```

En este código, la función `visualizar_frontera_decision` se utiliza para visualizar la frontera de decisión del modelo de regresión logística en datos no lineales. Asegúrate de ejecutar el código completo para obtener la visualización adecuada.

Resultado:

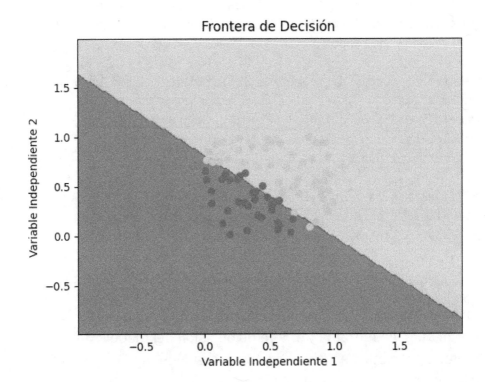

Frontera de Decisión

Ejercicio 25: Ajuste de Hiperparámetros en Regresión Logística:

Experimenta con diferentes valores de hiperparámetros (como el parámetro de regularización C) y observa cómo afectan el rendimiento del modelo. Utiliza Scikit-Learn y realiza un análisis comparativo de resultados.

Solución:

```
from sklearn.linear_model import LogisticRegression
from sklearn.model_selection import GridSearchCV

# Definir conjuntos de datos de entrenamiento (asegúrate de
tenerlos definidos)
# X_train_logistic, y_train_logistic

# Definir una cuadrícula de hiperparámetros a explorar
parametros_grid = {'C': [0.001, 0.01, 0.1, 1, 10, 100]}

# Crear modelo de regresión logística
modelo_logistico = LogisticRegression()

# Utilizar GridSearchCV para encontrar los mejores
hiperparámetros
grid_search = GridSearchCV(modelo_logistico, parametros_grid,
cv=5, scoring='accuracy')
grid_search.fit(X_train_logistic, y_train_logistic)

# Obtener los mejores hiperparámetros y su rendimiento
mejores_parametros = grid_search.best_params_
rendimiento_mejores_parametros = grid_search.best_score_
```

```
print(f'Mejores Hiperparámetros: {mejores_parametros}')
print(f'Rendimiento con Mejores Hiperparámetros:
{rendimiento_mejores_parametros:.2f}')
```

Este código utiliza GridSearchCV para buscar los mejores hiperparámetros para un modelo de regresión logística. Aquí hay algunas observaciones sobre el código:

Importaciones necesarias: Asegúrate de haber importado las bibliotecas necesarias al principio de tu script. En este caso, necesitas importar `LogisticRegression` y `GridSearchCV`:

```
from sklearn.linear_model import LogisticRegression
```

```
from sklearn.model_selection import GridSearchCV
```

Conjuntos de Datos de Entrenamiento: Asegúrate de que `X_train_logistic` y `y_train_logistic` estén definidos y tengan datos antes de ejecutar el código.

Definición de la Cuadrícula de Hiperparámetros: La cuadrícula de hiperparámetros que has definido incluye diferentes valores de `c`. `c` es el parámetro de regularización inversa, y los valores más pequeños de `c` indican una mayor regularización. Experimenta con diferentes valores de la cuadrícula según sea necesario para encontrar la mejor configuración.

Número de Pliegues en la Validación Cruzada (cv): En este caso, has utilizado `cv=5`, lo que significa que estás utilizando validación cruzada de 5 pliegues. Puedes ajustar este valor según sea necesario.

Ejercicio 26: Validación Cruzada en Regresión Logística:

Implementa la validación cruzada para evaluar el rendimiento del modelo de regresión logística. Utiliza Scikit-Learn y evalúa la precisión media y la desviación estándar del rendimiento a lo largo de diferentes pliegues de validación cruzada.

Solución:

```
from sklearn.model_selection import cross_val_score

# Crear modelo de regresión logística
modelo_logistico = LogisticRegression(C=1)

# Realizar validación cruzada
resultados_cross_val = cross_val_score(modelo_logistico, X,
y.ravel(), cv=5, scoring='accuracy')

# Calcular precisión media y desviación estándar
precision_media = resultados_cross_val.mean()
desviacion_estandar = resultados_cross_val.std()

print(f'Precisión Media en Validación Cruzada:
{precision_media:.2f}')
print(f'Desviación Estándar en Validación Cruzada:
{desviacion_estandar:.2f}')
```

Este código utiliza `cross_val_score` para realizar validación cruzada en un modelo de regresión logística. Aquí hay algunas observaciones sobre el código:

Importaciones necesarias: Asegúrate de haber importado las bibliotecas necesarias al principio de tu script. Necesitarás importar `LogisticRegression` y `cross_val_score`:

```
from sklearn.linear_model import LogisticRegression

from sklearn.model_selection import cross_val_score
```

Conjunto de Datos (X, y): Asegúrate de que `X` y `y` estén definidos y tengan datos antes de ejecutar el código.

Configuración del Modelo: Has creado un modelo de regresión logística con `C=1`. Puedes ajustar este valor según sea necesario.

Número de Pliegues en la Validación Cruzada (cv): En este caso, has utilizado `cv=5`, lo que significa que estás utilizando validación cruzada de 5 pliegues. Puedes ajustar este valor según sea necesario.

Ejercicio 27: Visualización de Frontera de Decisión:

Visualiza la frontera de decisión del modelo de regresión logística en un problema de clasificación bidimensional. Utiliza una paleta de colores para destacar las regiones predichas por el modelo.

Solución:

```python
import numpy as np
from sklearn.linear_model import LogisticRegression
from matplotlib.colors import ListedColormap
import matplotlib.pyplot as plt

# Definir conjuntos de datos de entrenamiento (asegúrate de
tenerlos definidos)
# X_train_logistic, y_train_logistic

# Función para visualizar la frontera de decisión
def visualizar_frontera_decision(modelo, X, y, titulo):
    plt.figure(figsize=(8, 6))
    h = 0.02  # Paso del meshgrid
    x_min, x_max = X[:, 0].min() - 1, X[:, 0].max() + 1
    y_min, y_max = X[:, 1].min() - 1, X[:, 1].max() + 1
    xx, yy = np.meshgrid(np.arange(x_min, x_max, h),
np.arange(y_min, y_max, h))

    Z = modelo.predict(np.c_[xx.ravel(), yy.ravel()])
    Z = Z.reshape(xx.shape)

    cmap_fondo = ListedColormap(['#FFAAAA', '#AAAAFF'])
    plt.contourf(xx, yy, Z, cmap=cmap_fondo, alpha=0.3)

    cmap_puntos = ListedColormap(['#FF0000', '#0000FF'])
```

```
    plt.scatter(X[:, 0], X[:, 1], c=y, cmap=cmap_puntos,
edgecolors='k', s=50)

    plt.title(titulo)
    plt.xlabel('Característica 1')
    plt.ylabel('Característica 2')
    plt.show()

# Entrenar modelo de regresión logística en el conjunto de
entrenamiento
modelo_logistico_decision = LogisticRegression(C=1)
modelo_logistico_decision.fit(X_train_logistic,
y_train_logistic)

# Visualizar la frontera de decisión
visualizar_frontera_decision(modelo_logistico_decision,
X_train_logistic, y_train_logistic, 'Frontera de Decisión
(Conjunto de Entrenamiento)')
```

Este código utiliza una función para visualizar la frontera de decisión de un modelo de regresión logística en un conjunto de entrenamiento. Aquí hay algunas observaciones sobre el código:

Importaciones necesarias: Asegúrate de haber importado las bibliotecas necesarias al principio de tu script. Necesitarás importar `LogisticRegression` y `ListedColormap`:

```
from sklearn.linear_model import LogisticRegression

from matplotlib.colors import ListedColormap
```

Conjunto de Datos (X_train_logistic, y_train_logistic): Asegúrate de que `X_train_logistic` y `y_train_logistic` estén definidos y tengan datos antes de ejecutar el código.

Configuración del Modelo: Has creado un modelo de regresión logística con `C=1`. Puedes ajustar este valor según sea necesario.

Título de la Gráfica: Has proporcionado un título a la gráfica llamado 'Frontera de Decisión (Conjunto de Entrenamiento)'.

Colores en la Frontera y Puntos: Has utilizado colores específicos (`'#FFAAAA'`, `'#AAAAFF'` y `'#FF0000'`, `'#0000FF'`) para representar las clases y la frontera de decisión.

Tamaño de los Puntos y Bordes: Has establecido el tamaño de los puntos (`s=50`) y el color de los bordes de los puntos (`edgecolors='k'`).

Alpha en la Frontera de Decisión: Has utilizado `alpha=0.3` para controlar la transparencia de la zona de fondo en la frontera de decisión.

Visualización: La función `visualizar_frontera_decision` utiliza `plt.show()` para mostrar la gráfica.

Asegúrate de ejecutar el código con todos los elementos necesarios definidos. Aquí está el código completo con las importaciones sugeridas:

Ejercicio 28: Regresión Logística con Datos No Lineales:

Genera un conjunto de datos con una relación no lineal entre las características y la variable objetivo. Luego, aplica regresión logística y observa cómo se adapta a este tipo de datos.

Solución:

```python
# Generar datos no lineales
import numpy as np
from sklearn.model_selection import train_test_split
from sklearn.linear_model import LogisticRegression
import matplotlib.pyplot as plt
from matplotlib.colors import ListedColormap

# Función para visualizar la frontera de decisión
def visualizar_frontera_decision(modelo, X, y, titulo):
    plt.figure(figsize=(8, 6))
    h = 0.02  # Tamaño del paso en el meshgrid
    x_min, x_max = X[:, 0].min() - 1, X[:, 0].max() + 1
    y_min, y_max = X[:, 1].min() - 1, X[:, 1].max() + 1
    xx, yy = np.meshgrid(np.arange(x_min, x_max, h),
np.arange(y_min, y_max, h))

    Z = modelo.predict(np.c_[xx.ravel(), yy.ravel()])
    Z = Z.reshape(xx.shape)

    cmap_fondo = ListedColormap(['#FFAAAA', '#AAAAFF'])
    plt.contourf(xx, yy, Z, cmap=cmap_fondo, alpha=0.3)

    cmap_puntos = ListedColormap(['#FF0000', '#0000FF'])
```

```python
    plt.scatter(X[:, 0], X[:, 1], c=y, cmap=cmap_puntos,
edgecolors='k', s=50)

    plt.title(titulo)
    plt.xlabel('Característica 1')
    plt.ylabel('Característica 2')
    plt.show()

# Generar datos no lineales
X_no_lineal = np.random.rand(100, 2)
y_no_lineal = (X_no_lineal[:, 0]**2 + X_no_lineal[:, 1]**2 <
0.5).astype(int)

# Dividir el conjunto de datos en entrenamiento y prueba
X_train_no_lineal, X_test_no_lineal, y_train_no_lineal,
y_test_no_lineal = train_test_split(X_no_lineal, y_no_lineal,
test_size=0.2, random_state=42)

# Entrenar modelo de regresión logística en el conjunto de
entrenamiento
modelo_logistico_no_lineal = LogisticRegression(C=1)
modelo_logistico_no_lineal.fit(X_train_no_lineal,
y_train_no_lineal)

# Visualizar la frontera de decisión en datos no lineales
visualizar_frontera_decision(modelo_logistico_no_lineal,
X_train_no_lineal, y_train_no_lineal, 'Frontera de Decisión
(Datos No Lineales)')
```

Resultado:

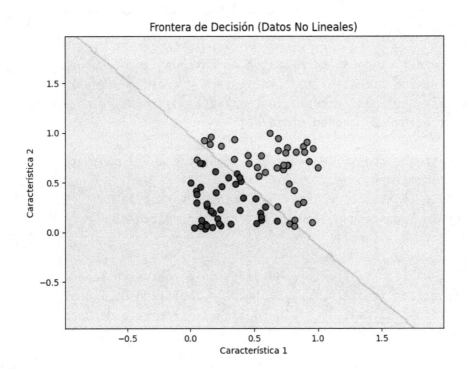

Frontera de Decisión (Datos No Lineales)

Ejercicio 29: Regresión Logística con Regularización L1:

Experimenta con la regularización L1 en regresión logística. Utiliza Scikit-Learn y observa cómo diferentes valores del parámetro de regularización afectan los coeficientes del modelo.

Solución:

```
from sklearn.linear_model import LogisticRegression

# Crear y entrenar modelos de regresión logística con
regularización L1
modelo_logistico_l1_1 = LogisticRegression(penalty='l1', C=1,
solver='liblinear')
modelo_logistico_l1_10 = LogisticRegression(penalty='l1',
C=10, solver='liblinear')

modelo_logistico_l1_1.fit(X_train_logistic, y_train_logistic)
modelo_logistico_l1_10.fit(X_train_logistic, y_train_logistic)

# Obtener coeficientes del modelo con regularización L1
coef_l1_1 = modelo_logistico_l1_1.coef_[0]
coef_l1_10 = modelo_logistico_l1_10.coef_[0]
```

```
print(f'Coeficientes (Reg. L1, C=1): {coef_l1_1}')
print(f'Coeficientes (Reg. L1, C=10): {coef_l1_10}')
```

El código mostrado crea y entrena dos modelos de regresión logística con regularización L1, uno con `C=1` y otro con `C=10`. Luego, obtiene los coeficientes del modelo con regularización L1 para ambos casos. Aquí hay algunas observaciones sobre el código:

Regularización L1 con `penalty` y `solver`: Se ha especificado la regularización L1 mediante el parámetro `penalty='l1'` y el solucionador `solver='liblinear'`, que es adecuado para penalidades L1.

Parámetro de Regularización `C`: Se han utilizado dos valores diferentes para el parámetro de regularización `C`. Un valor más bajo (como `C=1`) implica una mayor regularización, mientras que un valor más alto (como `C=10`) implica menos regularización.

Entrenamiento de Modelos: Los modelos se entrenan en los conjuntos de entrenamiento (`X_train_logistic` y `y_train_logistic`).

Obtención de Coeficientes: Se obtienen los coeficientes del modelo para ambos casos de regularización L1.

Capítulo 4. Máquinas de Soporte Vectorial

Ejercicio 31: SVM con Kernel Lineal:

Entrena un modelo de SVM con kernel lineal en un conjunto de datos bidimensional y visualiza la frontera de decisión.

Solución:

```
from sklearn import svm
import matplotlib.pyplot as plt
import numpy as np

# Generar datos linealmente separables
np.random.seed(42)
X_linear = np.random.randn(50, 2)
y_linear = (X_linear[:, 0] + X_linear[:, 1] > 0).astype(int)

# Crear y entrenar un modelo SVM con kernel lineal
modelo_linear = svm.SVC(kernel='linear')
modelo_linear.fit(X_linear, y_linear)

# Visualizar la frontera de decisión
plt.scatter(X_linear[:, 0], X_linear[:, 1], c=y_linear,
cmap='viridis', marker='o')
ax = plt.gca()
xlim = ax.get_xlim()
```

```python
ylim = ax.get_ylim()

# Crear una cuadrícula para evaluar el modelo
xx, yy = np.meshgrid(np.linspace(xlim[0], xlim[1], 50),
 np.linspace(ylim[0], ylim[1], 50))
Z = modelo_linear.decision_function(np.c_[xx.ravel(),
yy.ravel()])

# Visualizar la frontera y los márgenes de decisión
Z = Z.reshape(xx.shape)
plt.contour(xx, yy, Z, colors='k', levels=[-1, 0, 1],
alpha=0.5, linestyles=['--', '-', '--'])
plt.title('SVM con Kernel Lineal')
plt.xlabel('Característica 1')
plt.ylabel('Característica 2')
plt.show()
```

Resultado:

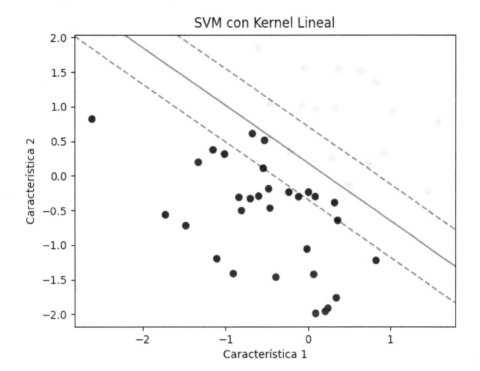

Ejercicio 32: SVM con Kernel RBF:

Entrena un modelo de SVM con kernel RBF (Radial Basis Function) en un conjunto de datos bidimensional y visualiza la frontera de decisión.

Solución:

```
import numpy as np
import matplotlib.pyplot as plt
from sklearn import svm

# Generar datos no linealmente separables
X_nonlinear = 0.8 * np.random.randn(100, 2)
angle = np.pi / 4
rotation_matrix = np.array([[np.cos(angle), -np.sin(angle)],
[np.sin(angle), np.cos(angle)]])
X_nonlinear_rotated = X_nonlinear.dot(rotation_matrix)
y_nonlinear = (X_nonlinear_rotated[:, 0]**2 +
X_nonlinear_rotated[:, 1]**2 > 0.6).astype(int)

# Crear y entrenar un modelo SVM con kernel RBF
modelo_rbf = svm.SVC(kernel='rbf', gamma='auto')
modelo_rbf.fit(X_nonlinear_rotated, y_nonlinear)

# Visualizar la frontera de decisión
plt.scatter(X_nonlinear_rotated[:, 0], X_nonlinear_rotated[:,
1], c=y_nonlinear, cmap='viridis', marker='o')
ax = plt.gca()
xlim = ax.get_xlim()
ylim = ax.get_ylim()
```

```
# Crear una cuadrícula para evaluar el modelo
xx, yy = np.meshgrid(np.linspace(xlim[0], xlim[1], 50),
                     np.linspace(ylim[0], ylim[1], 50))
Z = modelo_rbf.decision_function(np.c_[xx.ravel(),
yy.ravel()])

# Visualizar la frontera y los márgenes de decisión
Z = Z.reshape(xx.shape)
plt.contour(xx, yy, Z, colors='k', levels=[-1, 0, 1],
alpha=0.5, linestyles=['--', '-', '--'])
plt.title('SVM con Kernel RBF')
plt.xlabel('Característica 1')
plt.ylabel('Característica 2')
plt.show()
```

Resultado:

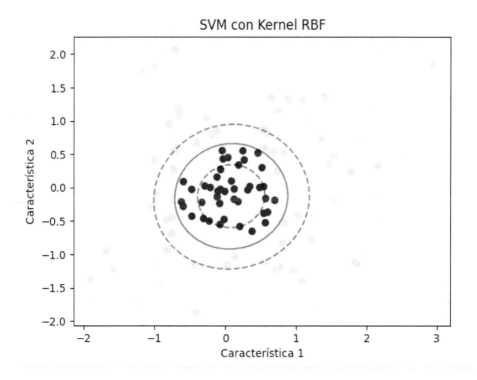

El código mostrado genera datos no linealmente separables, rota los datos y entrena un modelo SVM con un kernel RBF (Radial Basis Function). Luego, visualiza la frontera de decisión y los márgenes de decisión del modelo SVM. Aquí hay algunas observaciones sobre el código:

Generación de Datos No Linealmente Separables: Se generan datos no linealmente separables mediante una rotación de datos aleatorios.

Modelo SVM con Kernel RBF: Se crea un modelo SVM (`svc`) con kernel RBF utilizando `kernel='rbf'` y `gamma='auto'`.

Visualización de la Frontera de Decisión: Se utiliza `decision_function` para obtener los valores de decisión en una cuadrícula y se visualiza la frontera de decisión y los márgenes de decisión.

Configuración de la Visualización: Se utiliza la función `contour` para visualizar las líneas de nivel de la frontera de decisión y los márgenes.

Ejercicio 33: SVM con Datos No Lineales:

Crea un conjunto de datos no linealmente separable y entrena un modelo de SVM con kernel polinómico en él.

Solución:

```python
import numpy as np
import matplotlib.pyplot as plt
from sklearn import svm

# Generar datos no linealmente separables
X_nonlinear_poly = np.random.randn(100, 2)
y_nonlinear_poly = (X_nonlinear_poly[:, 0]**2 +
X_nonlinear_poly[:, 1]**2 > 1).astype(int)

# Crear y entrenar un modelo SVM con kernel polinómico
modelo_poly = svm.SVC(kernel='poly', degree=3, gamma='auto')
modelo_poly.fit(X_nonlinear_poly, y_nonlinear_poly)

# Visualizar la frontera de decisión
plt.scatter(X_nonlinear_poly[:, 0], X_nonlinear_poly[:, 1],
c=y_nonlinear_poly, cmap='viridis', marker='o')
ax = plt.gca()
xlim = ax.get_xlim()
ylim = ax.get_ylim()

# Crear una cuadrícula para evaluar el modelo
```

```
xx, yy = np.meshgrid(np.linspace(xlim[0], xlim[1], 50),
                     np.linspace(ylim[0], ylim[1], 50))
Z = modelo_poly.decision_function(np.c_[xx.ravel(),
yy.ravel()])

# Visualizar la frontera y los márgenes de decisión
Z = Z.reshape(xx.shape)
plt.contour(xx, yy, Z, colors='k', levels=[-1, 0, 1],
alpha=0.5, linestyles=['--', '-', '--'])
plt.title('SVM con Kernel Polinómico')
plt.xlabel('Característica 1')
plt.ylabel('Característica 2')
plt.show()
```

Resultado:

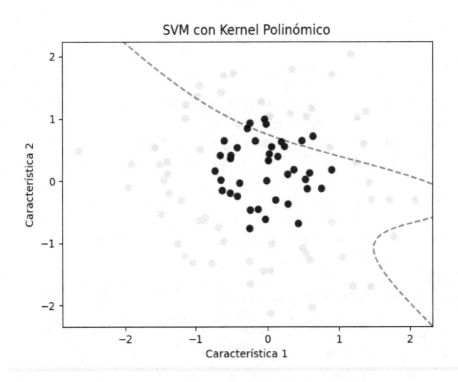

Ejercicio 34: SVM con Datos Desbalanceados:

Crea un conjunto de datos desbalanceado y entrena un modelo de SVM, ajustando el parámetro `class_weight` para manejar el desbalanceo.

Solución:

```python
import numpy as np
import matplotlib.pyplot as plt
from sklearn import svm
from sklearn.datasets import make_classification

# Generar datos desbalanceados
X_imbalanced, y_imbalanced =
make_classification(n_samples=100, n_features=2,
n_informative=2,

n_redundant=0, n_clusters_per_class=1, weights=[0.95],
flip_y=0, random_state=42)

# Crear y entrenar un modelo SVM ajustando class_weight
modelo_imbalanced = svm.SVC(kernel='linear',
class_weight='balanced')
modelo_imbalanced.fit(X_imbalanced, y_imbalanced)

# Visualizar la frontera de decisión
plt.scatter(X_imbalanced[:, 0], X_imbalanced[:, 1],
c=y_imbalanced, cmap='viridis', marker='o')
ax = plt.gca()
xlim = ax.get_xlim()
ylim = ax.get_ylim()
```

```
# Crear una cuadrícula para evaluar el modelo
xx, yy = np.meshgrid(np.linspace(xlim[0], xlim[1], 50),
                     np.linspace(ylim[0], ylim[1], 50))
Z = modelo_imbalanced.decision_function(np.c_[xx.ravel(),
yy.ravel()])

# Visualizar la frontera y los márgenes de decisión
Z = Z.reshape(xx.shape)
plt.contour(xx, yy, Z, colors='k', levels=[-1, 0, 1],
alpha=0.5, linestyles=['--', '-', '--'])
plt.title('SVM con Datos Desbalanceados')
plt.xlabel('Característica 1')
plt.ylabel('Característica 2')
plt.show()
```

Resultado:

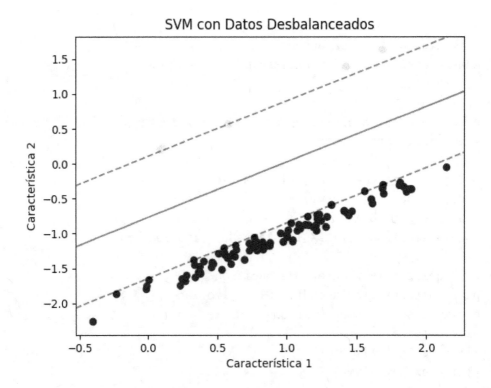

El código mostrado genera datos desbalanceados y entrena un modelo SVM ajustando el peso de las clases con `class_weight='balanced'`. Luego, visualiza la frontera de decisión y los márgenes de decisión del modelo SVM. Aquí hay algunas observaciones sobre el código:

Generación de Datos Desbalanceados: Se utilizó la función `make_classification` de scikit-learn para generar datos desbalanceados con una clase dominante (peso de la clase dominante: 0.95).

Modelo SVM con Ajuste de Peso de Clases: Se crea un modelo SVM (`svc`) con kernel lineal y se ajusta el peso de las clases utilizando `class_weight='balanced'`.

Visualización de la Frontera de Decisión: Se utiliza `decision_function` para obtener los valores de decisión en una cuadrícula y se visualiza la frontera de decisión y los márgenes de decisión.

Configuración de la Visualización: Se utiliza la función `contour` para visualizar las líneas de nivel de la frontera de decisión y los márgenes.

Ejercicio 35: Ajuste de Hiperparámetros en SVM:

Utiliza GridSearchCV para encontrar los mejores hiperparámetros en un modelo SVM con kernel RBF.

```
from sklearn.model_selection import GridSearchCV
from sklearn import svm

# Definir parámetros a explorar en la búsqueda de cuadrícula
parametros_grid = {'C': [0.1, 1, 10], 'gamma': [0.1, 1, 10]}

# Crear modelo SVM con kernel RBF
modelo_rbf_grid = svm.SVC(kernel='rbf')

# Configurar búsqueda de cuadrícula con validación cruzada
grid_search = GridSearchCV(modelo_rbf_grid, parametros_grid,
cv=5, scoring='accuracy')

# Entrenar el modelo con la búsqueda de cuadrícula
grid_search.fit(X_nonlinear_rotated, y_nonlinear)

# Obtener los mejores hiperparámetros y su rendimiento
mejores_parametros_svm = grid_search.best_params_
rendimiento_mejores_parametros_svm = grid_search.best_score_

print(f'Mejores Hiperparámetros: {mejores_parametros_svm}')
print(f'Rendimiento con Mejores Hiperparámetros:
{rendimiento_mejores_parametros_svm:.2f}')
```

El código que proporcionaste realiza una búsqueda de cuadrícula (Grid Search) para encontrar los mejores hiperparámetros (`C` y `gamma`) para un modelo SVM con kernel RBF. Aquí hay algunas observaciones sobre el código:

Definición de Parámetros a Explorar: Se define una cuadrícula de parámetros con diferentes valores de `C` y `gamma` que se explorarán durante la búsqueda de cuadrícula.

Creación del Modelo SVM con Kernel RBF: Se crea un modelo SVM con kernel RBF sin especificar los hiperparámetros.

Configuración de la Búsqueda de Cuadrícula: Se utiliza `GridSearchCV` para configurar la búsqueda de cuadrícula. Se especifica el modelo SVM, los parámetros a explorar, el número de divisiones para la validación cruzada (`cv=5`), y la métrica de evaluación (`scoring='accuracy'`).

Entrenamiento del Modelo con Búsqueda de Cuadrícula: Se entrena el modelo SVM con la búsqueda de cuadrícula utilizando los datos `X_nonlinear_rotated` y `y_nonlinear`.

Obtención de los Mejores Hiperparámetros y Rendimiento: Se obtienen los mejores hiperparámetros y su rendimiento en términos de precisión durante la validación cruzada.

Ejercicio 36: SVM con Kernel Sigmoide:

Entrena un modelo SVM con kernel sigmoide en un conjunto de datos bidimensional y visualiza la frontera de decisión.

```python
import numpy as np
import matplotlib.pyplot as plt
from sklearn import svm

# Generar datos no linealmente separables
X_sigmoid = 2 * np.random.randn(100, 2)
y_sigmoid = (X_sigmoid[:, 0] + X_sigmoid[:, 1] >
0).astype(int)

# Crear y entrenar un modelo SVM con kernel sigmoide
modelo_sigmoid = svm.SVC(kernel='sigmoid', gamma='auto')
modelo_sigmoid.fit(X_sigmoid, y_sigmoid)

# Visualizar la frontera de decisión
plt.scatter(X_sigmoid[:, 0], X_sigmoid[:, 1], c=y_sigmoid,
cmap='viridis', marker='o')
ax = plt.gca()
xlim = ax.get_xlim()
ylim = ax.get_ylim()


# Crear una cuadrícula para evaluar el modelo
xx, yy = np.meshgrid(np.linspace(xlim[0], xlim[1], 50),
                     np.linspace(ylim[0], ylim[1], 50))
Z = modelo_sigmoid.decision_function(np.c_[xx.ravel(),
yy.ravel()])
```

```
# Visualizar la frontera y los márgenes de decisión
Z = Z.reshape(xx.shape)
plt.contour(xx, yy, Z, colors='k', levels=[-1, 0, 1],
alpha=0.5, linestyles=['--', '-', '--'])
plt.title('SVM con Kernel Sigmoide')
plt.xlabel('Característica 1')
plt.ylabel('Característica 2')
plt.show()
```

Resultado:

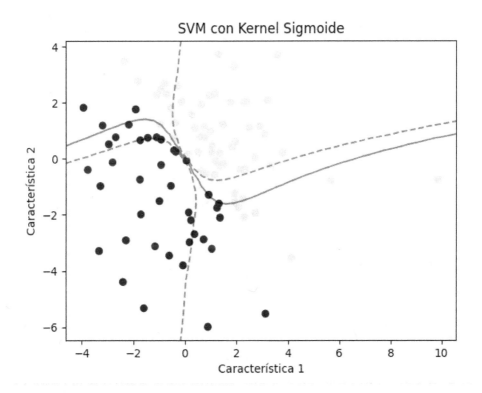

El código mostrado genera datos no linealmente separables y entrena un modelo SVM con kernel sigmoide. Luego, visualiza la frontera de decisión y los márgenes de decisión del modelo SVM. Aquí hay algunas observaciones sobre el código:

Generación de Datos no Linealmente Separables: Se generan datos no linealmente separables utilizando la función `randn` de NumPy. La etiqueta `y_sigmoid` se asigna en función de si la suma de las características `X_sigmoid[:, 0]` y `X_sigmoid[:, 1]` es mayor que cero.

Creación y Entrenamiento del Modelo SVM con Kernel Sigmoide: Se crea un modelo SVM con kernel sigmoide utilizando `svm.SVC(kernel='sigmoid', gamma='auto')` y se entrena con los datos generados.

Visualización de la Frontera de Decisión: Se visualiza la frontera de decisión y los márgenes de decisión utilizando la función `decision_function` para obtener los valores de decisión en una cuadrícula.

Configuración de la Visualización: Se utiliza la función `contour` para visualizar las líneas de nivel de la frontera de decisión y los márgenes.

Ejercicio 37: SVM para Clasificación Multi-Clase:

Extiende el uso de SVM para manejar problemas de clasificación multi-clase utilizando el conjunto de datos Iris.

Solución:

```python
from sklearn import datasets
import numpy as np
import matplotlib.pyplot as plt
from sklearn import svm

# Cargar el conjunto de datos Iris
iris = datasets.load_iris()
X_iris = iris.data[:, :2]  # Tomar solo dos características
para visualización
y_iris = iris.target

# Crear y entrenar un modelo SVM para clasificación
multi-clase
modelo_multi_clase = svm.SVC(kernel='linear',
decision_function_shape='ovr')
modelo_multi_clase.fit(X_iris, y_iris)

# Visualizar la frontera de decisión
plt.scatter(X_iris[:, 0], X_iris[:, 1], c=y_iris,
cmap='viridis', marker='o')
ax = plt.gca()
xlim = ax.get_xlim()
ylim = ax.get_ylim()

# Crear una cuadrícula para evaluar el modelo
xx, yy = np.meshgrid(np.linspace(xlim[0], xlim[1], 50),
                     np.linspace(ylim[0], ylim[1], 50))
```

```
Z = modelo_multi_clase.decision_function(np.c_[xx.ravel(),
yy.ravel()])

# Visualizar la frontera y los márgenes de decisión
Z = Z.reshape(xx.shape)
plt.contour(xx, yy, Z, colors='k', levels=[-1, 0, 1],
alpha=0.5, linestyles=['--', '-', '--'])
plt.title('SVM para Clasificación Multi-Clase')
plt.xlabel('Característica 1')
plt.ylabel('Característica 2')
plt.show()
```

El código que proporcionaste carga el conjunto de datos Iris, toma solo dos características para visualización, crea y entrena un modelo SVM para clasificación multi-clase utilizando el esquema "uno contra uno" (`decision_function_shape='ovr'`), y luego visualiza la frontera de decisión del modelo. Aquí hay algunas observaciones sobre el código:

Carga del Conjunto de Datos Iris: Se utiliza la función `load_iris` de scikit-learn para cargar el conjunto de datos Iris. Luego, se seleccionan las primeras dos características (`X_iris = iris.data[:, :2]`) para propósitos de visualización.

Creación y Entrenamiento del Modelo SVM para Clasificación Multi-Clase: Se crea un modelo SVM para clasificación multi-clase con kernel lineal y el esquema "uno contra uno". El modelo se entrena con las características `X_iris` y las etiquetas `y_iris`.

Visualización de la Frontera de Decisión: Se visualiza la frontera de decisión y los márgenes utilizando la función `decision_function`.

Se crea una cuadrícula para evaluar el modelo en un espacio bidimensional.

Configuración de la Visualización: Se utiliza la función `contour` para visualizar las líneas de nivel de la frontera de decisión y los márgenes.

Ejercioio 30: SVM con Regularización C Variada:

Experimenta con diferentes valores del parámetro de regularización C en un modelo SVM con kernel RBF.

Solución:

```
# Generar datos no linealmente separables
X_varied_C = np.random.randn(100, 2)
y_varied_C = (X_varied_C[:, 0]**2 + X_varied_C[:, 1]**2 >
1).astype(int)

# Crear y entrenar modelos SVM con kernel RBF para diferentes
valores de C
valores_C = [0.1, 1, 100]
modelos_varied_C = [svm.SVC(kernel='rbf', C=C,
gamma='auto').fit(X_varied_C, y_varied_C) for C in valores_C]

# Visualizar la frontera de decisión para diferentes valores
de C
plt.figure(figsize=(12, 4))
for i, modelo in enumerate(modelos_varied_C, 1):
 plt.subplot(1, 3, i)
 plt.scatter(X_varied_C[:, 0], X_varied_C[:, 1], c=y_varied_C,
cmap='viridis', marker='o')
 ax = plt.gca()
 xlim = ax.get_xlim()
 ylim = ax.get_ylim()

 # Crear una cuadrícula para evaluar el modelo
 xx, yy = np.meshgrid(np.linspace(xlim[0], xlim[1], 50),
 np.linspace(ylim[0], ylim[1], 50))
 Z = modelo.decision_function(np.c_[xx.ravel(), yy.ravel()])
```

```python
# Visualizar la frontera y los márgenes de decisión
Z = Z.reshape(xx.shape)
plt.contour(xx, yy, Z, colors='k', levels=[-1, 0, 1],
alpha=0.5, linestyles=['--', '-', '--'])
plt.title(f'SVM con C = {valores_C[i-1]}')
plt.xlabel('Característica 1')
plt.ylabel('Característica 2')

plt.tight_layout()
plt.show()
```

Ejercicio 39: SVM con Datos No Lineales y Regularización:

Genera un conjunto de datos no lineales y entrena un modelo SVM con kernel polinómico, ajustando la regularización.

```python
# Generar datos no linealmente separables
X_nonlinear_poly_reg = np.random.randn(100, 2)
y_nonlinear_poly_reg = (X_nonlinear_poly_reg[:, 0]**2 +
X_nonlinear_poly_reg[:, 1]**2 > 1).astype(int)

# Crear y entrenar modelos SVM con kernel polinómico para
diferentes valores de C
valores_C_poly_reg = [0.1, 1, 10]
modelos_poly_reg = [svm.SVC(kernel='poly', degree=3, C=C,
gamma='auto').fit(X_nonlinear_poly_reg, y_nonlinear_poly_reg)
for C in valores_C_poly_reg]

# Visualizar la frontera de decisión para diferentes valores
de C
plt.figure(figsize=(12, 4))
for i, modelo in enumerate(modelos_poly_reg, 1):
 plt.subplot(1, 3, i)
 plt.scatter(X_nonlinear_poly_reg[:, 0],
X_nonlinear_poly_reg[:, 1], c=y_nonlinear_poly_reg,
cmap='viridis', marker='o')
 ax = plt.gca()
 xlim = ax.get_xlim()
 ylim = ax.get_ylim()

 # Crear una cuadrícula para evaluar el modelo
 xx, yy = np.meshgrid(np.linspace(xlim[0], xlim[1], 50),
```

```
np.linspace(ylim[0], ylim[1], 50))
Z = modelo.decision_function(np.c_[xx.ravel(), yy.ravel()])

# Visualizar la frontera y los márgenes de decisión
Z = Z.reshape(xx.shape)
plt.contour(xx, yy, Z, colors='k', levels=[-1, 0, 1],
alpha=0.5, linestyles=['--', '-', '--'])
plt.title(f'SVM con C = {valores_C_poly_reg[i-1]}')
plt.xlabel('Característica 1')
plt.ylabel('Característica 2')

plt.tight_layout()
plt.show()
```

El código mostrado genera datos no linealmente separables y luego entrena modelos SVM con kernel polinómico para diferentes valores de C. A continuación, visualiza la frontera de decisión para cada modelo con diferentes valores de C.

Este código utiliza la biblioteca `scikit-learn` para crear y entrenar modelos SVM con kernel polinómico para diferentes valores de C. Luego, visualiza la frontera de decisión y los márgenes de cada modelo en una cuadrícula.

Resultado:

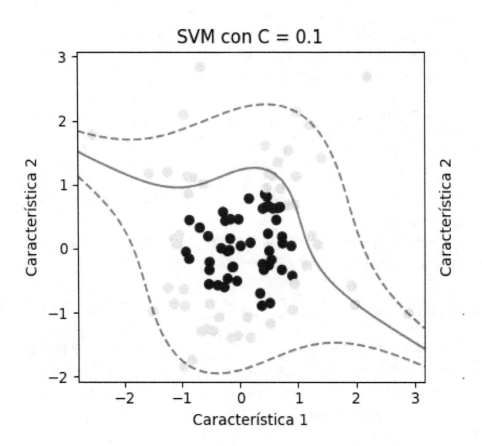

SVM con C = 0.1

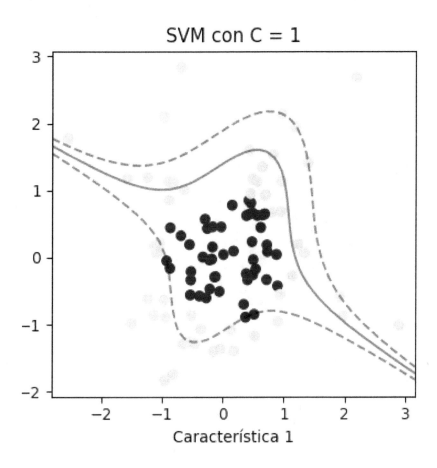

SVM con C = 1

Característica 1

112

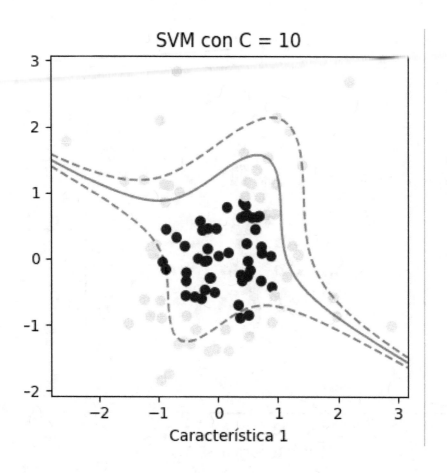

Ejercicio 40: SVM con Datos No Lineales y Ajuste de Hiperparámetros:

Utiliza GridSearchCV para encontrar los mejores hiperparámetros en un modelo SVM con kernel polinómico en un conjunto de datos no lineales.

Solución:

```
from sklearn.model_selection import GridSearchCV
from sklearn import svm

# Definir parámetros a explorar en la búsqueda de cuadrícula
parametros_grid_poly = {'C': [0.1, 1, 10], 'gamma': [0.1, 1,
10], 'degree': [2, 3, 4]}

# Crear modelo SVM con kernel polinómico
modelo_poly_grid = svm.SVC(kernel='poly')

# Configurar búsqueda de cuadrícula con validación cruzada
grid_search_poly = GridSearchCV(modelo_poly_grid,
parametros_grid_poly, cv=5, scoring='accuracy')

# Entrenar el modelo con la búsqueda de cuadrícula
grid_search_poly.fit(X_nonlinear_poly_reg,
y_nonlinear_poly_reg)

# Obtener los mejores hiperparámetros y su rendimiento
mejores_parametros_svm_poly = grid_search_poly.best_params_
rendimiento_mejores_parametros_svm_poly =
grid_search_poly.best_score_
```

```
print(f'Mejores Hiperparámetros:
{mejores_parametros_svm_poly}')
print(f'Rendimiento con Mejores Hiperparámetros:
{rendimiento_mejores_parametros_svm_poly:.2f}')
```

Este código utiliza la función `GridSearchCV` de scikit-learn para explorar diferentes combinaciones de hiperparámetros y encuentra aquellas que maximizan la precisión (o cualquier otra métrica especificada) a través de la validación cruzada. Luego, imprime los mejores hiperparámetros y su rendimiento asociado.

Asegúrate de tener los datos `X_nonlinear_poly_reg` y `y_nonlinear_poly_reg` definidos antes de ejecutar este código. Además, ajusta los parámetros según sea necesario para adaptarse a tus necesidades específicas.

Capítulo 5. Ejercicios de Aprendizaje No Supervisado.

Ejercicio 41. Clustering con K-Means:

Vamos a utilizar el algoritmo de clustering K-Means en un conjunto de datos generado aleatoriamente.

Solución:

```
import numpy as np
import matplotlib.pyplot as plt
from sklearn.cluster import KMeans
from sklearn.datasets import make_blobs

# Generar un conjunto de datos con tres clusters
X, y = make_blobs(n_samples=300, centers=3, random_state=42)

# Crear y entrenar el modelo K-Means
modelo_kmeans = KMeans(n_clusters=3, random_state=42)
modelo_kmeans.fit(X)

# Obtener las etiquetas de cluster asignadas a cada punto de
datos
etiquetas_clusters = modelo_kmeans.labels_

# Visualizar el conjunto de datos y los clusters encontrados
```

```
plt.scatter(X[:, 0], X[:, 1], c=etiquetas_clusters,
cmap='viridis', edgecolors='k')
plt.scatter(modelo_kmeans.cluster_centers_[:, 0],
modelo_kmeans.cluster_centers_[:, 1], marker='X', s=200,
color='red', label='Centroides')
plt.title('Clustering con K-Means')
plt.xlabel('Característica 1')
plt.ylabel('Característica 2')
plt.legend()
plt.show()
```

Resultado:

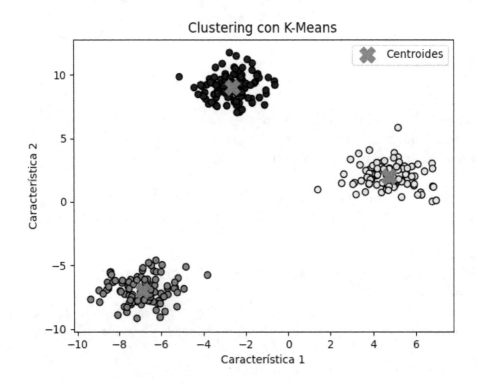

En este ejercicio:

Generamos un conjunto de datos con tres clusters utilizando `make_blobs`.

Creamos y entrenamos un modelo K-Means con `n_clusters=3`.

Obtenemos las etiquetas de cluster asignadas a cada punto de datos con `modelo_kmeans.labels_`.

Visualizamos el conjunto de datos coloreando los puntos según los clusters encontrados y marcamos los centroides de los clusters en rojo.

Este ejercicio básico te proporciona una introducción práctica al clustering con el algoritmo K-Means. Puedes experimentar cambiando la cantidad de clusters (`n_clusters`) y explorando cómo afecta la asignación de clusters.

Ejercicio 42. Clustering con K-Means (Variante 1):

Vamos a generar un conjunto de datos más complejo y utilizar K-Means para encontrar los clusters.

```python
import numpy as np
import matplotlib.pyplot as plt
from sklearn.cluster import KMeans
from sklearn.datasets import make_moons

# Generar un conjunto de datos en forma de dos lunas
X, y = make_moons(n_samples=200, noise=0.05, random_state=42)

# Crear y entrenar el modelo K-Means
modelo_kmeans = KMeans(n_clusters=2, random_state=42)
modelo_kmeans.fit(X)

# Obtener las etiquetas de cluster asignadas a cada punto de
datos
etiquetas_clusters = modelo_kmeans.labels_

# Visualizar el conjunto de datos y los clusters encontrados
plt.scatter(X[:, 0], X[:, 1], c=etiquetas_clusters,
cmap='viridis', edgecolors='k')
plt.scatter(modelo_kmeans.cluster_centers_[:, 0],
modelo_kmeans.cluster_centers_[:, 1], marker='X', s=200,
color='red', label='Centroides')
plt.title('Clustering con K-Means en forma de dos lunas')
plt.xlabel('Característica 1')
plt.ylabel('Característica 2')
plt.legend()
plt.show()
```

Resultado:

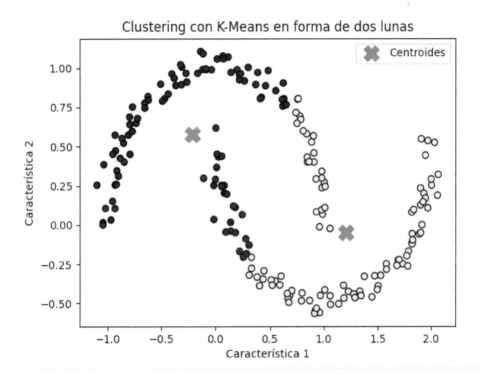

Clustering con K-Means en forma de dos lunas

Ejercicio 43. Clustering con K-Means (Variante 2):

Ahora, generaremos un conjunto de datos con clusters de diferentes densidades.

```python
import numpy as np
import matplotlib.pyplot as plt
from sklearn.cluster import KMeans
from sklearn.datasets import make_blobs

# Generar un conjunto de datos con clusters de diferentes
densidades
X, y = make_blobs(n_samples=300, centers=[(-5, -5), (0, 0),
(5, 5)], cluster_std=[1, 0.5, 1.5], random_state=42)

# Crear y entrenar el modelo K-Means
modelo_kmeans = KMeans(n_clusters=3, random_state=42)
modelo_kmeans.fit(X)

# Obtener las etiquetas de cluster asignadas a cada punto de
datos
etiquetas_clusters = modelo_kmeans.labels_

# Visualizar el conjunto de datos y los clusters encontrados
plt.scatter(X[:, 0], X[:, 1], c=etiquetas_clusters,
cmap='viridis', edgecolors='k')
plt.scatter(modelo_kmeans.cluster_centers_[:, 0],
modelo_kmeans.cluster_centers_[:, 1], marker='X', s=200,
color='red', label='Centroides')
plt.title('Clustering con K-Means en clusters de diferentes
densidades')
plt.xlabel('Característica 1')
```

```
plt.ylabel('Característica 2')
plt.legend()
plt.show()
```

Resultado:

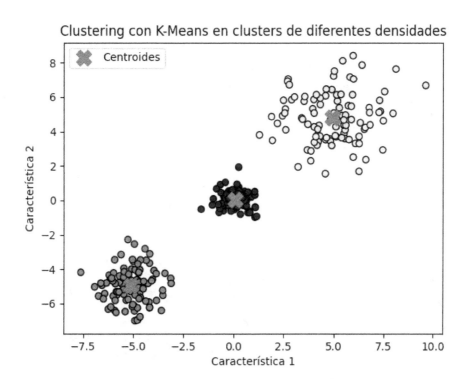

Clustering con K-Means en clusters de diferentes densidades

Ejercicio 44. Clustering con K-Means (Variante 3):

Generaremos un conjunto de datos más grande y utilizaremos K-Means para identificar clusters.

```python
import numpy as np
import matplotlib.pyplot as plt
from sklearn.cluster import KMeans
from sklearn.datasets import make_blobs

# Generar un conjunto de datos con cinco clusters
X, y = make_blobs(n_samples=500, centers=5, random_state=42)

# Crear y entrenar el modelo K-Means
modelo_kmeans = KMeans(n_clusters=5, random_state=42)
modelo_kmeans.fit(X)

# Obtener las etiquetas de cluster asignadas a cada punto de
datos
etiquetas_clusters = modelo_kmeans.labels_

# Visualizar el conjunto de datos y los clusters encontrados
plt.scatter(X[:, 0], X[:, 1], c=etiquetas_clusters,
cmap='viridis', edgecolors='k')
plt.scatter(modelo_kmeans.cluster_centers_[:, 0],
modelo_kmeans.cluster_centers_[:, 1], marker='X', s=200,
color='red', label='Centroides')
plt.title('Clustering con K-Means en cinco clusters')
plt.xlabel('Característica 1')
plt.ylabel('Característica 2')
plt.legend()
plt.show()
```

Resultado:

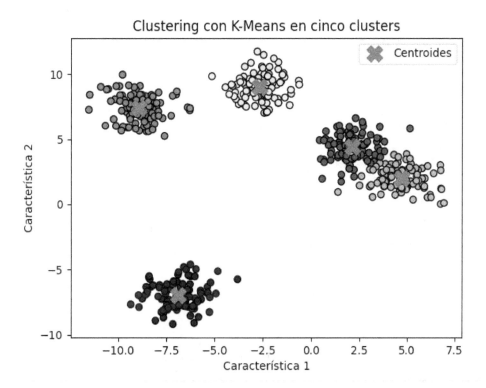

Clustering con K-Means en cinco clusters

Ejercicio 45. Clustering con K-Means (Variante 4):

Vamos a crear un conjunto de datos en forma de anillo y utilizar K-Means para ver cómo se comporta.

```python
import numpy as np
import matplotlib.pyplot as plt
from sklearn.cluster import KMeans
from sklearn.datasets import make_circles

# Generar un conjunto de datos en forma de anillo
X, y = make_circles(n_samples=300, factor=0.5, noise=0.05,
random_state=42)

# Crear y entrenar el modelo K-Means
modelo_kmeans = KMeans(n_clusters=2, random_state=42)
modelo_kmeans.fit(X)

# Obtener las etiquetas de cluster asignadas a cada punto de
datos
etiquetas_clusters = modelo_kmeans.labels_

# Visualizar el conjunto de datos y los clusters encontrados
plt.scatter(X[:, 0], X[:, 1], c=etiquetas_clusters,
cmap='viridis', edgecolors='k')
plt.scatter(modelo_kmeans.cluster_centers_[:, 0],
modelo_kmeans.cluster_centers_[:, 1], marker='X', s=200,
color='red', label='Centroides')
plt.title('Clustering con K-Means en forma de anillo')
plt.xlabel('Característica 1')
plt.ylabel('Característica 2')
plt.legend()
```

```
plt.show()
```

Resultado:

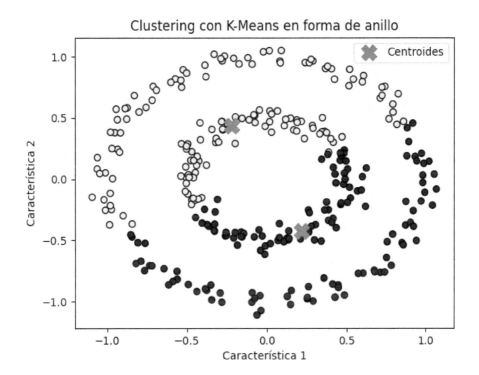

Ejercicio 46: Clustering con K-Means en Conjunto de Datos Aleatorio:

Genera un conjunto de datos aleatorio y utiliza K-Means para realizar el clustering. Visualiza los resultados.

```python
import numpy as np
import matplotlib.pyplot as plt
from sklearn.cluster import KMeans

# Generar un conjunto de datos aleatorio
np.random.seed(42)
X_random = np.random.rand(100, 2)

# Crear y entrenar el modelo K-Means con 3 clusters
modelo_kmeans = KMeans(n_clusters=3, random_state=42)
modelo_kmeans.fit(X_random)

# Obtener las etiquetas de cluster asignadas a cada punto de
datos
etiquetas_clusters = modelo_kmeans.labels_

# Visualizar el conjunto de datos y los clusters encontrados
plt.scatter(X_random[:, 0], X_random[:, 1],
c=etiquetas_clusters, cmap='viridis', edgecolors='k')
plt.scatter(modelo_kmeans.cluster_centers_[:, 0],
modelo_kmeans.cluster_centers_[:, 1], marker='X', s=200,
color='red', label='Centroides')
plt.title('Clustering con K-Means en Conjunto de Datos
Aleatorio')
plt.xlabel('Característica 1')
plt.ylabel('Característica 2')
plt.legend()
```

```
plt.show()
```

Resultado:

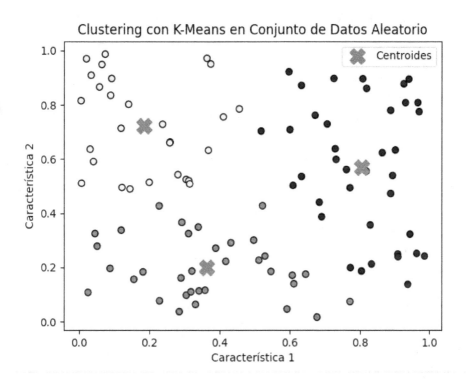

Ejercicio 47: Clustering con K-Means en Conjunto de Datos con Forma de Lunas:

Genera un conjunto de datos en forma de dos lunas y utiliza K-Means para realizar el clustering. Visualiza los resultados.

```python
import numpy as np
import matplotlib.pyplot as plt
from sklearn.cluster import KMeans
from sklearn.datasets import make_moons

# Generar un conjunto de datos en forma de dos lunas
X_moons, _ = make_moons(n_samples=200, noise=0.05,
random_state=42)

# Crear y entrenar el modelo K-Means con 2 clusters
modelo_kmeans = KMeans(n_clusters=2, random_state=42)
modelo_kmeans.fit(X_moons)

# Obtener las etiquetas de cluster asignadas a cada punto de
datos
etiquetas_clusters = modelo_kmeans.labels_

# Visualizar el conjunto de datos y los clusters encontrados
plt.scatter(X_moons[:, 0], X_moons[:, 1],
c=etiquetas_clusters, cmap='viridis', edgecolors='k')
plt.scatter(modelo_kmeans.cluster_centers_[:, 0],
modelo_kmeans.cluster_centers_[:, 1], marker='X', s=200,
color='red', label='Centroides')
plt.title('Clustering con K-Means en Conjunto de Datos en
Forma de Lunas')
plt.xlabel('Característica 1')
plt.ylabel('Característica 2')
plt.legend()
plt.show()
```

Resultado:

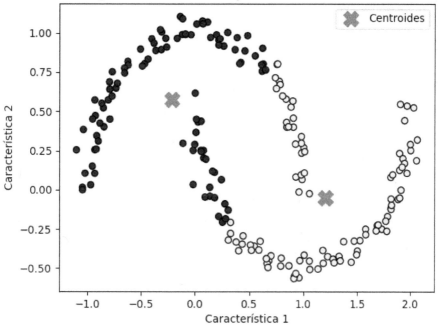

Clustering con K-Means en Conjunto de Datos en Forma de Lunas

Ejercicio 48: Clustering con K-Means en Conjunto de Datos con Forma de Anillo:

Genera un conjunto de datos en forma de anillo y utiliza K-Means para realizar el clustering. Visualiza los resultados.

```python
import numpy as np
import matplotlib.pyplot as plt
from sklearn.cluster import KMeans
from sklearn.datasets import make_circles

# Generar un conjunto de datos en forma de anillo
X_ring, _ = make_circles(n_samples=300, factor=0.5,
noise=0.05, random_state=42)

# Crear y entrenar el modelo K-Means con 2 clusters
modelo_kmeans = KMeans(n_clusters=2, random_state=42)
modelo_kmeans.fit(X_ring)

# Obtener las etiquetas de cluster asignadas a cada punto de
datos
etiquetas_clusters = modelo_kmeans.labels_

# Visualizar el conjunto de datos y los clusters encontrados
plt.scatter(X_ring[:, 0], X_ring[:, 1], c=etiquetas_clusters,
cmap='viridis', edgecolors='k')
plt.scatter(modelo_kmeans.cluster_centers_[:, 0],
modelo_kmeans.cluster_centers_[:, 1], marker='X', s=200,
color='red', label='Centroides')
plt.title('Clustering con K-Means en Conjunto de Datos en
Forma de Anillo')
plt.xlabel('Característica 1')
plt.ylabel('Característica 2')
```

```
plt.legend()
plt.show()
```

Resultado:

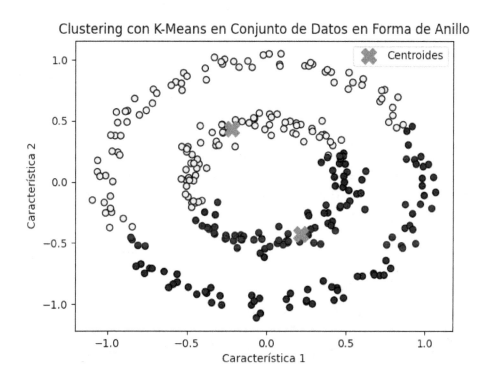

Clustering con K-Means en Conjunto de Datos en Forma de Anillo

Ejercicio 49: Clustering con K-Means en Conjunto de Datos con Forma de Anillo:

Genera un conjunto de datos desbalanceado y utiliza K-Means para realizar el clustering. Ajusta el número de clusters en función de la proporción de clases.

```python
import numpy as np
import matplotlib.pyplot as plt
from sklearn.cluster import KMeans
from sklearn.datasets import make_classification

# Generar un conjunto de datos desbalanceado
X_imbalanced, _ = make_classification(n_samples=300,
n_features=2, n_informative=2, n_redundant=0, weights=[0.9,
0.1], random_state=42)

# Crear y entrenar el modelo K-Means con 2 clusters (ajustado
a la proporción de clases)
modelo_kmeans = KMeans(n_clusters=2, random_state=42)
modelo_kmeans.fit(X_imbalanced)

# Obtener las etiquetas de cluster asignadas a cada punto de
datos
etiquetas_clusters = modelo_kmeans.labels_

# Visualizar el conjunto de datos y los clusters encontrados
plt.scatter(X_imbalanced[:, 0], X_imbalanced[:, 1],
c=etiquetas_clusters, cmap='viridis', edgecolors='k')
plt.scatter(modelo_kmeans.cluster_centers_[:, 0],
modelo_kmeans.cluster_centers_[:, 1], marker='X', s=200,
color='red', label='Centroides')
```

```
plt.title('Clustering con K-Means en Conjunto de Datos
Desbalanceado')
plt.xlabel('Característica 1')
plt.ylabel('Característica 2')
plt.legend()
plt.show()
```

Resultado:

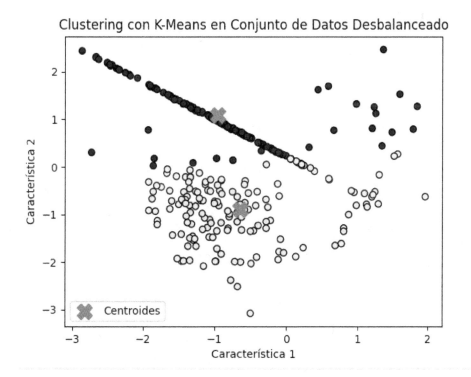

Ejercicio 50: Clustering con K-Means en Conjunto de Datos con Varianza Distinta:

Genera un conjunto de datos con clusters de diferente varianza y utiliza K-Means para realizar el clustering. Observa cómo K-Means tiende a asignar más puntos al cluster de mayor varianza.

```python
import numpy as np
import matplotlib.pyplot as plt
from sklearn.cluster import KMeans

# Generar un conjunto de datos con clusters de diferente
varianza
X_variance, _ = make_blobs(n_samples=300, centers=[[0, 0], [5,
5]], cluster_std=[1, 3], random_state=42)

# Crear y entrenar el modelo K-Means con 2 clusters
modelo_kmeans = KMeans(n_clusters=2, random_state=42)
modelo_kmeans.fit(X_variance)

# Obtener las etiquetas de cluster asignadas a cada punto de
datos
etiquetas_clusters = modelo_kmeans.labels_

# Visualizar el conjunto de datos y los clusters encontrados
plt.scatter(X_variance[:, 0], X_variance[:, 1],
c=etiquetas_clusters, cmap='viridis', edgecolors='k')
plt.scatter(modelo_kmeans.cluster_centers_[:, 0],
modelo_kmeans.cluster_centers_[:, 1], marker='X', s=200,
color='red', label='Centroides')
plt.title('Clustering con K-Means en Conjunto de Datos con
Varianza Distinta')
plt.xlabel('Característica 1')
plt.ylabel('Característica 2')
plt.legend()
```

```
plt.show()
```

Este código utiliza la biblioteca scikit-learn para generar un conjunto de datos con clusters de diferente varianza y luego aplica el algoritmo K-Means para realizar la agrupación. Aquí tienes una explicación paso a paso:

Importar las bibliotecas necesarias:

```
import numpy as np
import matplotlib.pyplot as plt
from sklearn.cluster import KMeans
from sklearn.datasets import make_blobs
```

Generar un conjunto de datos con clusters de diferente varianza utilizando `make_blobs`:

```
X_variance, _ = make_blobs(n_samples=300, centers=[[0, 0], [5, 5]], cluster_std=[1, 3], random_state=42)
```

- `n_samples`: Número total de puntos de datos.
- `centers`: Lista de coordenadas de los centros de los clusters.
- `cluster_std`: Desviación estándar de cada cluster.
  Crear y entrenar el modelo K-Means con 2 clusters:

```
modelo_kmeans = KMeans(n_clusters=2, random_state=42)
modelo_kmeans.fit(X_variance)
```

- `n_clusters`: Número de clusters que se desean encontrar.

136

Obtener las etiquetas de cluster asignadas a cada punto de datos:

```
etiquetas_clusters = modelo_kmeans.labels_
```

Visualizar el conjunto de datos y los clusters encontrados:

```
plt.scatter(X_variance[:, 0], X_variance[:, 1],
c=etiquetas_clusters, cmap='viridis', edgecolors='k')
plt.scatter(modelo_kmeans.cluster_centers_[:, 0],
modelo_kmeans.cluster_centers_[:, 1], marker='X', s=200,
color='red', label='Centroides')
plt.title('Clustering con K-Means en Conjunto de Datos con
Varianza Distinta')
plt.xlabel('Característica 1')
plt.ylabel('Característica 2')
plt.legend()
plt.show()
```

Este código muestra un gráfico de dispersión donde cada punto de datos está coloreado según el cluster al que pertenece, y se marcan los centroides de los clusters con una 'X' de color rojo.

Recuerda que este es un ejemplo de conjunto de datos sintético y los parámetros utilizados en `make_blobs` son ajustados para ilustrar el concepto de clusters con diferente varianza. Puedes ajustar los parámetros según tus necesidades específicas.

Capítulo 6. Reducción de Dimensionalidad.

Ejercicio 51. Reducción de Dimensionalidad con PCA:

En este ejercicio, utilizaremos el análisis de componentes principales (PCA) para reducir la dimensionalidad de un conjunto de datos y visualizar la representación en un espacio de menor dimensión.

```python
import numpy as np
import matplotlib.pyplot as plt
from sklearn.datasets import load_iris
from sklearn.decomposition import PCA

# Cargar el conjunto de datos Iris
iris = load_iris()
X = iris.data
y = iris.target

# Aplicar PCA para reducir la dimensionalidad a 2 componentes
principales
pca = PCA(n_components=2)
X_reduced = pca.fit_transform(X)

# Visualizar el conjunto de datos en el espacio de menor
dimensión
plt.scatter(X_reduced[:, 0], X_reduced[:, 1], c=y,
cmap='viridis', edgecolors='k')
plt.title('Reducción de Dimensionalidad con PCA')
plt.xlabel('Primer Componente Principal')
plt.ylabel('Segundo Componente Principal')
plt.show()
```

Resultado:

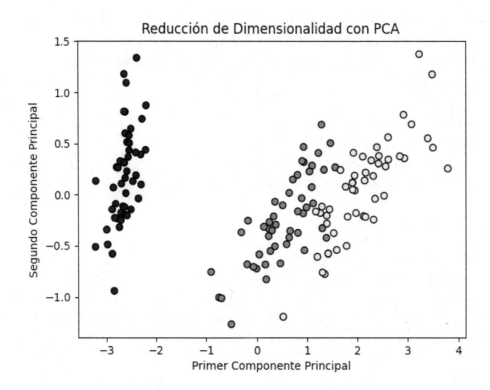

En este ejercicio:

Cargamos el conjunto de datos Iris, que tiene cuatro características.

Aplicamos PCA para reducir la dimensionalidad a dos componentes principales.

Visualizamos el conjunto de datos en el espacio de menor dimensión creado por los dos primeros componentes principales.

Puedes experimentar con otros conjuntos de datos y ajustar la cantidad de componentes principales para ver cómo la reducción de dimensionalidad afecta la representación visual de los datos.

Ejercicio 52: Reducción de Dimensionalidad con t-SNE:

Utilizaremos t-Distributed Stochastic Neighbor Embedding (t-SNE) para reducir la dimensionalidad de un conjunto de datos y visualizarlo en 2D.

```python
import numpy as np
import matplotlib.pyplot as plt
from sklearn.datasets import load_digits
from sklearn.manifold import TSNE

# Cargar el conjunto de datos de dígitos
digits = load_digits()
X = digits.data
y = digits.target

# Aplicar t-SNE para reducir la dimensionalidad a 2
componentes
tsne = TSNE(n_components=2, random_state=42)
X_reduced = tsne.fit_transform(X)

# Visualizar el conjunto de datos en el espacio de menor
dimensión
plt.scatter(X_reduced[:, 0], X_reduced[:, 1], c=y,
cmap='viridis', edgecolors='k')
plt.title('Reducción de Dimensionalidad con t-SNE')
plt.xlabel('Componente 1')
plt.ylabel('Componente 2')
plt.show()
```

Resultado:

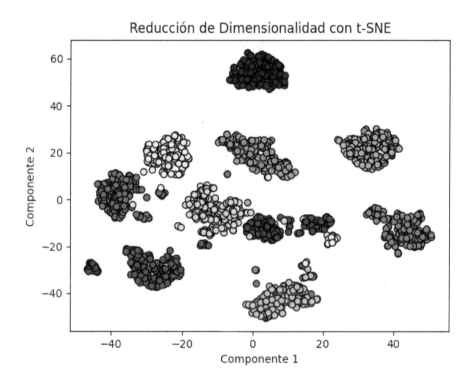

Reducción de Dimensionalidad con t-SNE

Ejercicio 53: Reducción de Dimensionalidad con Autoencoders:

Implementaremos un autoencoder simple para reducir la
dimensionalidad de un conjunto de datos.

Solución:

```python
import numpy as np
import matplotlib.pyplot as plt
from sklearn.datasets import load_digits
from sklearn.preprocessing import MinMaxScaler
from sklearn.neural_network import MLPRegressor

# Cargar el conjunto de datos de dígitos
digits = load_digits()
X = digits.data
y = digits.target

# Normalizar los datos
scaler = MinMaxScaler()
X_normalized = scaler.fit_transform(X)

# Crear y entrenar un autoencoder
autoencoder = MLPRegressor(hidden_layer_sizes=(64, 2, 64),
max_iter=1000, random_state=42)
autoencoder.fit(X_normalized, X_normalized)

# Obtener la representación de menor dimensión
X_reduced = autoencoder.transform(X_normalized)

# Visualizar el conjunto de datos en el espacio de menor
dimensión
```

```python
plt.scatter(X_reduced[:, 0], X_reduced[:, 1], c=y,
cmap='viridis', edgecolors='k')
plt.title('Reducción de Dimensionalidad con Autoencoder')
plt.xlabel('Componente 1')
plt.ylabel('Componente 2')
plt.show()
```

Ejercicio 54: Reducción de Dimensionalidad con LLE:

Aplicaremos Locally Linear Embedding (LLE) para reducir la dimensionalidad de un conjunto de datos.

```python
import numpy as np
import matplotlib.pyplot as plt
from sklearn.datasets import load_digits
from sklearn.manifold import LocallyLinearEmbedding

# Cargar el conjunto de datos de dígitos
digits = load_digits()
X = digits.data
y = digits.target

# Aplicar LLE para reducir la dimensionalidad a 2 componentes
lle = LocallyLinearEmbedding(n_components=2, random_state=42)
X_reduced = lle.fit_transform(X)

# Visualizar el conjunto de datos en el espacio de menor
dimensión
plt.scatter(X_reduced[:, 0], X_reduced[:, 1], c=y,
cmap='viridis', edgecolors='k')
plt.title('Reducción de Dimensionalidad con LLE')
plt.xlabel('Componente 1')
plt.ylabel('Componente 2')
plt.show()
```

Resultado:

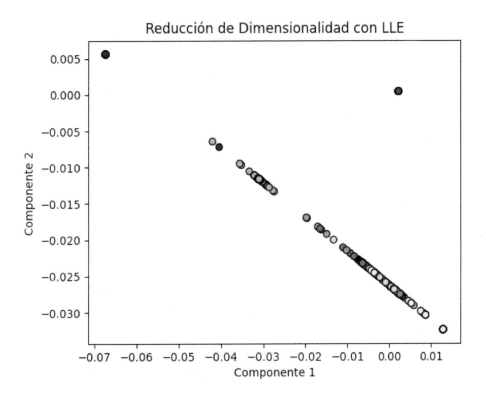

Reducción de Dimensionalidad con LLE

Ejercicio 55: Reducción de Dimensionalidad con UMAP:

Utilizaremos Uniform Manifold Approximation and Projection (UMAP) para reducir la dimensionalidad de un conjunto de datos.

```python
import numpy as np
import matplotlib.pyplot as plt
from sklearn.datasets import load_digits
import umap

# Cargar el conjunto de datos de dígitos
digits = load_digits()
X = digits.data
y = digits.target

# Aplicar UMAP para reducir la dimensionalidad a 2 componentes
umap_model = umap.UMAP(n_components=2, random_state=42)
X_reduced = umap_model.fit_transform(X)

# Visualizar el conjunto de datos en el espacio de menor
dimensión
plt.scatter(X_reduced[:, 0], X_reduced[:, 1], c=y,
cmap='viridis', edgecolors='k')
plt.title('Reducción de Dimensionalidad con UMAP')
plt.xlabel('Componente 1')
plt.ylabel('Componente 2')
plt.show()
```

Resultado:

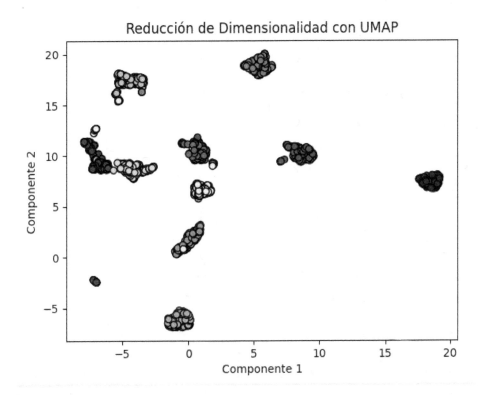

Ejercicio 56. Reducción de Dimensionalidad con Factorización de Matrices No Negativas (NMF):

En este ejercicio, aplicaremos la técnica de Factorización de Matrices No Negativas (NMF) para reducir la dimensionalidad de un conjunto de datos.

```python
import numpy as np
import matplotlib.pyplot as plt
from sklearn.datasets import load_digits
from sklearn.decomposition import NMF

# Cargar el conjunto de datos de dígitos
digits = load_digits()
X = digits.data
y = digits.target

# Aplicar NMF para reducir la dimensionalidad a 2 componentes
nmf = NMF(n_components=2, random_state=42)
X_reduced = nmf.fit_transform(X)

# Visualizar el conjunto de datos en el espacio de menor
dimensión
plt.scatter(X_reduced[:, 0], X_reduced[:, 1], c=y,
cmap='viridis', edgecolors='k')
plt.title('Reducción de Dimensionalidad con NMF')
plt.xlabel('Componente 1')
plt.ylabel('Componente 2')
plt.show()
```

Resultado:

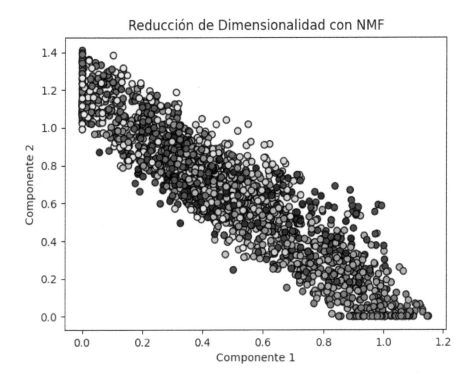

Reducción de Dimensionalidad con NMF

En este ejercicio:

Cargamos el conjunto de datos de dígitos.

Aplicamos la Factorización de Matrices No Negativas (NMF) para reducir la dimensionalidad a dos componentes.

Visualizamos el conjunto de datos en el espacio de menor dimensión creado por las dos componentes

Este ejercicio te permite explorar una técnica diferente de reducción de dimensionalidad y comparar cómo se comporta en comparación con otras técnicas. Experimenta con diferentes conjuntos de datos y parámetros para obtener una comprensión más profunda de la factorización de matrices no negativas.

Nivel Básico-Intermedio.

Capitulo 7. Repaso de Conceptos Básicos de Machine Learning.

Problemas Supervisados.

Los problemas supervisados son un tipo de tarea en el aprendizaje automático donde el objetivo es aprender una relación entre entradas (datos de entrada) y salidas (etiquetas o respuestas) a partir de ejemplos etiquetados. En este contexto, se dispone de un conjunto de datos de entrenamiento que contiene tanto las características (inputs) como las etiquetas (outputs) correspondientes para cada ejemplo.

Definición de Problemas Supervisados:

En un problema supervisado, el objetivo es aprender una función que pueda predecir la salida correcta para nuevas entradas que no formaron parte del conjunto de datos de entrenamiento original. La función aprendida se ajusta utilizando ejemplos etiquetados (datos de entrada junto con sus salidas esperadas) para minimizar algún tipo de error o pérdida entre las predicciones del modelo y las etiquetas reales.

Ejemplos de Problemas Supervisados:

1. Regresión: En problemas de regresión supervisada, el objetivo es predecir un valor numérico continuo. Algunos ejemplos incluyen:

   - Predicción del precio de una casa en función de sus características (número de habitaciones, tamaño, ubicación, etc.).
   - Estimación del rendimiento de un estudiante en función de sus horas de estudio.

2. Clasificación: En problemas de clasificación supervisada, el objetivo es asignar una etiqueta o categoría a una entrada. Algunos ejemplos incluyen:

   - Clasificación de correos electrónicos como spam o no spam.
   - Identificación de especies de plantas según características morfológicas.

Características de los Problemas Supervisados:

- Datos Etiquetados: El conjunto de entrenamiento contiene ejemplos donde tanto las entradas como las salidas deseadas están disponibles.

- Aprendizaje de un Modelo Predictivo: Se busca aprender un modelo que pueda generalizar a nuevas instancias no vistas, basado en los ejemplos etiquetados.

- Evaluación de Desempeño: El rendimiento del modelo se evalúa utilizando métricas específicas según el tipo de problema (por ejemplo, error cuadrático medio en regresión, precisión y recall en clasificación).

En resumen, los problemas supervisados son fundamentales en el aprendizaje automático y se utilizan ampliamente en una variedad de aplicaciones donde se dispone de datos etiquetados para entrenar y evaluar modelos predictivos.

Problemas No Supervisados.

El aprendizaje no supervisado es un enfoque en el aprendizaje automático donde el objetivo principal es descubrir patrones, estructuras o relaciones intrínsecas en los datos sin la presencia de etiquetas o respuestas conocidas. En lugar de entrenar un modelo para predecir salidas específicas, el aprendizaje no supervisado se centra en entender la estructura subyacente de los datos y en la agrupación (clustering) o la reducción de dimensionalidad de los mismos.

Definición de Problemas No Supervisados:

En el aprendizaje no supervisado, los algoritmos se enfrentan a datos sin etiquetar y se utilizan para encontrar patrones o estructuras interesantes. El objetivo principal suele ser explorar y comprender los datos más que hacer predicciones específicas.

Ejemplos de Problemas No Supervisados:

1. Clustering: Agrupar datos similares en conjuntos o grupos sin etiquetas predefinidas.
   - Ejemplo: Agrupación de clientes en segmentos de mercado basados en patrones de compra.
2. Reducción de Dimensionalidad: Reducir la cantidad de variables (dimensiones) en los datos mientras se conserva la mayor parte de la información.
   - Ejemplo: Reducción de la dimensionalidad de imágenes para análisis o reconocimiento de patrones.

Tipos de Algoritmos en Aprendizaje No Supervisado:

1. Clustering:
   - K-Means: Agrupa datos en k grupos basados en la distancia euclidiana.
   - Hierarchical Clustering: Construye un árbol jerárquico de agrupaciones.
   - DBSCAN (Density-Based Spatial Clustering of Applications with Noise): Identifica regiones de alta densidad de puntos como clusters.
2. Reducción de Dimensionalidad:
   - Análisis de Componentes Principales (PCA): Transforma variables correlacionadas en un conjunto más pequeño de variables no correlacionadas (componentes principales).

- t-SNE (t-Distributed Stochastic Neighbor Embedding): Visualiza datos de alta dimensión en un espacio de menor dimensión conservando las relaciones entre los puntos originales.
- Autoencoders: Redes neuronales utilizadas para aprender una representación comprimida de los datos.

Métricas de Evaluación en Algoritmos No Supervisados:

- Clustering:
    - Índice de Silueta (Silhouette Score): Mide la cohesión y separación de los clusters.
    - Inercia: Medida de la dispersión dentro de los clusters.
    - Purity: Medida de la pureza de los clusters basada en etiquetas conocidas (si están disponibles).
- Reducción de Dimensionalidad:
    - Varianza Explicada: Porcentaje de varianza en los datos originalmente explicada por los componentes seleccionados.
    - Reconstrucción de Error: Error de reconstrucción al comprimir y luego expandir los datos.

Estas métricas ayudan a evaluar la calidad y la eficacia de los algoritmos de aprendizaje no supervisado en la identificación de patrones y estructuras útiles en los datos sin etiquetar. El aprendizaje no supervisado es esencial para la exploración y comprensión de datos en muchas aplicaciones del mundo real.

Conceptos Avanzados en Evaluación de Modelos

La evaluación de modelos en problemas de regresión y clasificación es fundamental para comprender qué tan bien están funcionando los modelos en datos no vistos. Aquí se presentan algunas métricas comunes y técnicas de evaluación utilizadas en estos contextos:

Métricas Comunes para Regresión:

1. Mean Squared Error (MSE):
    - Calcula el promedio de los cuadrados de las diferencias entre las predicciones y los valores reales.
    - Cuanto menor sea el MSE, mejor será el modelo.
    - Fórmula: $MSE = \frac{1}{n} \sum_{i=1}^{n} (y_i - \hat{y}_i)^2$
2. Root Mean Squared Error (RMSE):
    - Es la raíz cuadrada del MSE.
    - Proporciona una interpretación en la misma escala que la variable objetivo.
    - Fórmula: $RMSE = \sqrt{MSE}$
3. Mean Absolute Error (MAE):
    - Calcula el promedio de las diferencias absolutas entre las predicciones y los valores reales.
    - Es menos sensible a valores atípicos en comparación con el MSE.
    - Fórmula: $MAE = \frac{1}{n} \sum_{i=1}^{n} |y_i - \hat{y}_i|$

4. Coeficiente de Determinación (R^2):
   - Mide la proporción de la varianza en la variable dependiente que es predecible a partir de la variable independiente.
   - Valores más cercanos a 1 indican un mejor ajuste del modelo.
   - Fórmula: $R^2 = 1 - \frac{SS_{res}}{SS_{tot}}$
   - , donde SS_{res} es la suma de cuadrado residual y SS_{tot} es la suma total de cuadrados.

Métricas Comunes para Clasificación:

1. Precisión:
   - Proporción de predicciones correctas (verdaderos positivos) entre todas las predicciones positivas (verdaderos positivos + falsos positivos).
   - Fórmula:
   -
   $$\text{Precisión} = \frac{\text{Verdaderos Positivos}}{\text{Verdaderos Positivos} + \text{Falsos Positivos}}$$
   -
2. Recall (Sensibilidad):
   - Proporción de instancias positivas que se predicen correctamente (verdaderos positivos) entre todas las instancias positivas reales.
   - Fórmula:

   $$\text{Recall} = \frac{\text{Verdaderos Positivos}}{\text{Verdaderos Positivos} + \text{Falsos Negativos}}$$
   -

-
3. F1-Score:
   - Media armónica de precisión y recall. Es útil cuando hay un desequilibrio entre las clases.
   - Fórmula:

$$\text{F1-Score} = 2 \times \frac{\text{Precisión} \times \text{Recall}}{\text{Precisión} + \text{Recall}}$$

Curvas ROC (Receiver Operating Characteristic) y AUC (Area Under the Curve):

- La curva ROC es una representación gráfica de la sensibilidad (recall) frente a la tasa de falsos positivos (1 - especificidad) para diferentes umbrales de clasificación.
- El área bajo la curva ROC (AUC) es una métrica que cuantifica la capacidad de discriminación del modelo. AUC cerca de 1 indica un modelo excelente, mientras que AUC cerca de 0.5 indica un modelo que no es mejor que el azar.

Interpretación y Comparación de Métricas:

- En problemas de regresión, se busca minimizar MSE, RMSE y MAE, y maximizar R^2.
- En problemas de clasificación, se busca maximizar precisión, recall y F1-score.

- La elección de la métrica adecuada depende del problema y del contexto específico (por ejemplo, el equilibrio entre falsos positivos y falsos negativos en clasificación).

Estas métricas y técnicas de evaluación son esenciales para medir el rendimiento y la eficacia de los modelos de regresión y clasificación en el aprendizaje automático. La elección de métricas adecuadas y su interpretación correcta ayudan a tomar decisiones informadas sobre la calidad de los modelos y su aplicabilidad en diferentes escenarios.

Métricas Comunes para Regresión:

1. Mean Squared Error (MSE):
   - Interpretación: El MSE mide el promedio de los cuadrados de los errores entre las predicciones del modelo y los valores reales. Cuanto menor sea el valor del MSE, mejor será el ajuste del modelo a los datos.
   - Comparación: El MSE es sensible a valores atípicos (outliers) debido al término cuadrático en la diferencia.
2. Root Mean Squared Error (RMSE):
   - Interpretación: El RMSE es la raíz cuadrada del MSE y proporciona una interpretación en la misma escala que la variable objetivo. Es más fácil de interpretar que el MSE.
   - Comparación: El RMSE es más sensible que el MSE a grandes errores debido a la raíz cuadrada.
3. Mean Absolute Error (MAE):

- Interpretación: El MAE mide el promedio de las diferencias absolutas entre las predicciones y los valores reales. Es menos sensible a los outliers en comparación con el MSE.
- Comparación: El MAE es más robusto frente a valores atípicos porque no utiliza el término cuadrático.

4. Coeficiente de Determinación (R^2):
   - Interpretación: El R^2 representa la proporción de la varianza en la variable dependiente que es explicada por el modelo. Un valor de R^2 cercano a 1 indica un buen ajuste del modelo a los datos.
   - Comparación: R^2 es una medida relativa que compara el modelo con un modelo base simple (por ejemplo, la media de los valores observados).

Métricas Comunes para Clasificación:

1. Precisión:
   - Interpretación: La precisión mide la proporción de predicciones correctas (verdaderos positivos y verdaderos negativos) entre todas las predicciones realizadas por el modelo.
   - Comparación: La precisión es útil cuando el costo de los falsos positivos es alto.
2. Recall (Sensibilidad):
   - Interpretación: El recall mide la proporción de instancias positivas que fueron correctamente identificadas por el modelo (verdaderos positivos) entre todas las instancias positivas reales.

- Comparación: El recall es útil cuando el costo de los falsos negativos es alto.

3. F1-Score:
   - Interpretación: El F1-Score es la media armónica de precisión y recall. Proporciona un equilibrio entre ambas métricas.
   - Comparación: El F1-Score es útil cuando se busca un equilibrio entre la precisión y el recall.

Curvas ROC (Receiver Operating Characteristic) y AUC (Area Under the Curve):

- Curva ROC:
  - Interpretación: La curva ROC es una representación gráfica de la sensibilidad (recall) frente a la tasa de falsos positivos (1 - especificidad) para diferentes umbrales de clasificación.
  - Comparación: Cuanto más cerca esté la curva ROC del vértice superior izquierdo del gráfico, mejor será el rendimiento del modelo.
- Área Bajo la Curva (AUC):
  - Interpretación: El AUC cuantifica la capacidad de discriminación del modelo. Un AUC cercano a 1 indica un modelo excelente, mientras que un AUC cercano a 0.5 indica un modelo que no es mejor que el azar.
  - Comparación: El AUC es una medida agregada del rendimiento del modelo en todos los posibles umbrales de clasificación.

Interpretación y Comparación de Métricas:

- Regresión: En general, se busca minimizar el MSE, RMSE y MAE, y maximizar el R^2. El R^2 proporciona información sobre la calidad del ajuste del modelo a los datos.
- Clasificación: En general, se busca maximizar la precisión, recall y F1-Score. La elección de la métrica adecuada depende del contexto del problema y del equilibrio entre los costos asociados con los errores de clasificación (falsos positivos vs. falsos negativos).

En resumen, estas métricas y técnicas de evaluación son esenciales para medir el rendimiento y la eficacia de los modelos de regresión y clasificación en el aprendizaje automático. La elección de métricas adecuadas y su interpretación correcta ayudan a tomar decisiones informadas sobre la calidad y el ajuste de los modelos a los datos.

La evaluación avanzada de modelos en aprendizaje automático incluye técnicas sofisticadas para validar y medir el rendimiento de los modelos, especialmente en situaciones donde los datos pueden ser desbalanceados o cuando se busca una estimación robusta del rendimiento del modelo. Aquí se describen algunas de estas técnicas:

Cross-Validation Estratificado:

La validación cruzada estratificada es una técnica que se utiliza para garantizar que cada pliegue de datos (fold) en la validación cruzada mantenga la misma proporción de clases que el conjunto de datos original. Esta técnica es útil en problemas de clasificación donde hay desequilibrios significativos entre las clases.

- Procedimiento:
    1. Dividir el conjunto de datos en k pliegues (folds) manteniendo la proporción de clases.
    2. Utilizar k-1 pliegues como datos de entrenamiento y el pliegue restante como datos de prueba.
    3. Repetir el proceso k veces, alternando el pliegue de prueba en cada iteración.
    4. Calcular el rendimiento del modelo promediando los resultados de cada iteración.

Validación en Conjuntos de Datos Desbalanceados:

La validación en conjuntos de datos desbalanceados implica técnicas especiales para garantizar que el rendimiento del modelo se evalúe de manera justa, considerando la distribución desigual de las clases.

- Técnicas:
    1. Stratified Sampling: Muestreo estratificado que asegura una representación proporcional de las clases en los conjuntos de entrenamiento y prueba.
    2. Resampling Techniques: Técnicas como el oversampling (aumento de la muestra de la clase minoritaria) o undersampling (reducción de la muestra de la clase mayoritaria) para equilibrar las clases durante la validación.
    3. Métricas Ajustadas: Utilizar métricas como precision, recall, F1-score específicamente para la clase minoritaria o utilizar métricas como AUC-ROC para evaluar el rendimiento global.

Métodos de Bootstrap y Remuestreo:

El bootstrap y el remuestreo son técnicas que se utilizan para estimar la distribución de una estadística de interés utilizando muestras repetidas con reemplazo de un conjunto de datos.

- Bootstrap:
    - Muestra aleatoria con reemplazo de los datos originales para crear múltiples muestras (bootstrap samples).
    - Utilizado para estimar intervalos de confianza o para realizar pruebas de hipótesis cuando no se dispone de una distribución teórica conocida de los datos.

- Remuestreo:
    - Técnica similar al bootstrap pero generalmente se utiliza para evaluar el rendimiento del modelo.
    - Ejemplos incluyen el remuestreo aleatorio, el remuestreo cruzado (cross-resampling) y el remuestreo estratificado.

Estas técnicas avanzadas de evaluación son esenciales para garantizar que los modelos de aprendizaje automático sean robustos y generalicen bien a nuevos datos, especialmente en situaciones desafiantes como conjuntos de datos desbalanceados o cuando se requiere una estimación precisa del rendimiento del modelo. Al aplicar estas técnicas correctamente, se pueden obtener evaluaciones más confiables y significativas del rendimiento de los modelos.

Técnicas de Selección de Modelos

La selección de hiperparámetros es un paso crucial en el desarrollo de modelos de aprendizaje automático para optimizar su rendimiento y generalización. Los hiperparámetros son configuraciones externas al modelo que afectan su capacidad de aprendizaje y generalización, como la tasa de aprendizaje, el número de capas en una red neuronal, o los parámetros de regularización. Aquí se describen algunas técnicas populares de selección de hiperparámetros:

Grid Search y Random Search:

Ambas técnicas son métodos sistemáticos para explorar diferentes combinaciones de hiperparámetros y encontrar la mejor configuración para un modelo.

- Grid Search:
  - Procedimiento: Define una cuadrícula de valores posibles para cada hiperparámetro.
  - Iteración: Entrena y evalúa el modelo para cada combinación de valores de hiperparámetros en la cuadrícula.
  - Selección: Identifica la combinación de hiperparámetros que maximiza el rendimiento según una métrica de evaluación específica (por ejemplo, precisión, F1-score).

- Uso: Es útil cuando se dispone de un conjunto relativamente pequeño de combinaciones de hiperparámetros para explorar.
- Random Search:
  - Procedimiento: Realiza una búsqueda aleatoria sobre un espacio de hiperparámetros definido.
  - Iteración: Selecciona aleatoriamente combinaciones de hiperparámetros para evaluar.
  - Selección: Identifica la combinación de hiperparámetros que produce el mejor rendimiento promedio después de un número fijo de iteraciones.
  - Uso: Puede ser más eficiente que Grid Search cuando el espacio de búsqueda es grande o cuando las relaciones entre los hiperparámetros son complejas.

Optimización Bayesiana:

La optimización bayesiana es un enfoque más avanzado que utiliza el proceso de optimización para encontrar la mejor combinación de hiperparámetros basándose en iteraciones previas y modelos de probabilidad.

- Proceso:
  - Utiliza modelos probabilísticos para estimar la función objetivo (métrica de evaluación) y explorar el espacio de búsqueda de manera más eficiente.
  - Aprovecha el conocimiento acumulativo de las iteraciones previas para enfocar la búsqueda en áreas prometedoras del espacio de hiperparámetros.
- Ventajas:

- Puede ser más eficiente que Grid Search y Random Search al reducir el número de evaluaciones necesarias para encontrar una buena configuración de hiperparámetros.
- Incorpora un enfoque más inteligente para explorar y explotar el espacio de búsqueda, especialmente en problemas con múltiples hiperparámetros y relaciones no lineales entre ellos.

Selección y Uso:

- Elección de la Técnica: La elección entre Grid Search, Random Search y Optimización Bayesiana depende del tamaño del espacio de hiperparámetros, los recursos computacionales disponibles y la complejidad del problema.
- Implementación: Estas técnicas están disponibles en bibliotecas populares de aprendizaje automático como scikit-learn (para Grid Search y Random Search) y librerías especializadas como Hyperopt o Optuna (para Optimización Bayesiana).

La selección adecuada de hiperparámetros puede tener un impacto significativo en el rendimiento de los modelos de aprendizaje automático. El uso de técnicas como Grid Search, Random Search o Optimización Bayesiana puede ayudar a encontrar configuraciones óptimas de hiperparámetros de manera eficiente y efectiva.

Concepto de Sobreajuste (Overfitting) y Subajuste (Underfitting):

- Sobreajuste (Overfitting):
    - Ocurre cuando un modelo se ajusta demasiado bien a los datos de entrenamiento, capturando tanto el patrón subyacente como el ruido en los datos.
    - El modelo puede tener un rendimiento excelente en los datos de entrenamiento, pero generaliza mal en datos nuevos o de prueba.
    - Signos de sobreajuste incluyen una gran brecha entre el rendimiento en los datos de entrenamiento y los datos de prueba, así como un alto error de generalización.
- Subajuste (Underfitting):
    - Ocurre cuando un modelo es demasiado simple para capturar la estructura subyacente de los datos.
    - El modelo tiene un rendimiento deficiente tanto en los datos de entrenamiento como en los datos de prueba.
    - Signos de subajuste incluyen un bajo rendimiento en los datos de entrenamiento y una incapacidad para aprender patrones complejos.

Métodos de Regularización:

Los métodos de regularización son técnicas utilizadas para evitar el sobreajuste y mejorar la generalización de los modelos de aprendizaje automático mediante la adición de términos de penalización a la función de pérdida.

L1 Regularization (Lasso):

- Función de Pérdida:

$$\text{Loss} = \text{MSE} + \lambda \sum_{i=1}^{n} |\theta_i|$$

- Características:
    - Agrega la norma L1 de los coeficientes
    - $(\sum_{i=1}^{n} |\theta_i|)$ a la función de pérdida.
    - Promueve la dispersión y la selección de características al forzar algunos coeficientes a cero.
    - Útil para la selección automática de características y para la reducción de la complejidad del modelo.

L2 Regularization (Ridge):

- Función de Pérdida:
- $$\text{Loss} = \text{MSE} + \lambda \sum_{i=1}^{n} \theta_i^2$$
- Características:
    - Agrega la norma L2 de los coeficientes
    - $(\sum_{i=1}^{n} \theta_i^2)$ a la función de pérdida.
    - Controla la magnitud de los coeficientes penalizando valores grandes.
    - Reduce la sensibilidad del modelo a pequeñas variaciones en los datos de entrada.

ElasticNet Regularization:

- Función de Pérdida:
- $$\text{Loss} = \text{MSE} + \lambda_1 \sum_{i=1}^{n} |\theta_i| + \lambda_2 \sum_{i=1}^{n} \theta_i^2$$
- Características:
    - Combina la regularización L1 y L2 en una sola función de pérdida.
    - Proporciona un control más flexible sobre los coeficientes del modelo.
    - Útil cuando se enfrentan conjuntos de datos con características altamente correlacionadas.

Uso y Beneficios de la Regularización:

- Prevención de Sobreajuste: Los métodos de regularización ayudan a controlar la complejidad del modelo, reduciendo así las posibilidades de sobreajuste.
- Mejora de la Generalización: Al penalizar coeficientes grandes, la regularización fomenta modelos más simples que generalizan mejor a datos nuevos.
- Selección de Características: L1 Regularization (Lasso) puede utilizarse para la selección automática de características eliminando características irrelevantes.

En resumen, los métodos de regularización son herramientas poderosas para mejorar la capacidad de generalización de los modelos de aprendizaje automático al mitigar el sobreajuste. La elección entre L1 (Lasso), L2 (Ridge) o ElasticNet depende de la naturaleza del problema y las características del conjunto de datos. Experimentar con diferentes valores de hiperparámetros (λ) es crucial para encontrar el equilibrio adecuado entre sesgo y varianza en el modelo.

Interpretación de Modelos

La interpretabilidad y explicabilidad de los modelos de aprendizaje automático son aspectos fundamentales, especialmente en aplicaciones donde se requiere comprender cómo y por qué un modelo toma decisiones. Aquí se describen métodos comunes para entender y explicar modelos complejos, así como técnicas para analizar la importancia de las características en el aprendizaje automático.

Métodos para Entender y Explicar Modelos Complejos:

1. Análisis de Importancia de Características:
   - Métodos:
     - Feature Importance (Importancia de Características): Calcula la contribución relativa de cada característica a la predicción del modelo.
     - Permutation Importance (Importancia por Permutación): Evalúa el impacto de permutar aleatoriamente las características en el rendimiento del modelo.
     - SHAP Values (SHapley Additive exPlanations): Proporciona una interpretación global y local de la importancia de las características basada en la teoría de juegos.
2. Visualización de Modelos:
   - Árboles de Decisión: Los árboles de decisión son modelos interpretables que representan reglas de decisión claras.
   - Gráficos de Dependencia Parcial (Partial Dependence Plots): Muestra cómo una variable afecta la predicción manteniendo constantes otras variables.
   - Gráficos de Contribución Individual (Individual Conditional Expectation, ICE): Visualiza cómo una característica específica afecta la predicción para diferentes instancias.
3. Análisis de Errores:

- Inspección de Predicciones Erróneas: Identifica patrones o características comunes en las predicciones incorrectas del modelo.
- Matrices de Confusión y Curvas ROC: Ayudan a comprender el rendimiento del modelo en diferentes clases y umbrales de decisión.

Análisis de Importancia de Características:

El análisis de importancia de características es una técnica clave para comprender qué características son más relevantes para la predicción de un modelo. Estos métodos ayudan a identificar las características que más contribuyen al rendimiento del modelo y pueden proporcionar información sobre la relación entre las características y la variable objetivo.

- Feature Importance (Importancia de Características):
  - Calcula la importancia relativa de cada característica basándose en su contribución al rendimiento del modelo.
  - Ejemplos incluyen la importancia de características en árboles de decisión o en modelos basados en regresión.
- Permutation Importance (Importancia por Permutación):
  - Evalúa el impacto de permutar aleatoriamente las características en el rendimiento del modelo.
  - Mide cuánto disminuye el rendimiento del modelo cuando se altera una característica, lo que indica la importancia de esa característica para el modelo.
- SHAP Values (SHapley Additive exPlanations):

- Proporciona una explicación global y local del impacto de cada característica en la predicción del modelo.
- Utiliza la teoría de juegos para calcular la contribución de cada característica de manera consistente y interpretable.

Uso y Beneficios:

- Interpretabilidad: Estos métodos permiten comprender cómo funcionan los modelos de aprendizaje automático y cómo toman decisiones.
- Explicabilidad: Proporcionan explicaciones claras y comprensibles sobre la importancia de las características y el proceso de toma de decisiones del modelo.
- Toma de Decisiones Informadas: Ayudan a identificar sesgos, errores y limitaciones del modelo, lo que puede mejorar la confianza y la adopción en aplicaciones críticas.

Entender y explicar modelos complejos es esencial para aplicaciones donde la transparencia y la justificación de las decisiones del modelo son importantes. Los métodos de análisis de importancia de características y visualización de modelos proporcionan herramientas poderosas para interpretar y comunicar el comportamiento de los modelos de aprendizaje automático de manera efectiva.

Ejemplos Prácticos.

Capitulo 8. Ejercicios de regresion Lineal

Ejercicio 57. Regresión Polinómica.

Ejercicio de Regresión Polinómica utilizando Python y la biblioteca `scikit-learn`. En este ejercicio, generaremos datos sintéticos y luego ajustaremos un modelo de regresión polinómica para predecir valores basados en estos datos. Luego, visualizaremos el modelo ajustado para entender su comportamiento.

Solución:

```
# Importar las bibliotecas necesarias
import numpy as np
import matplotlib.pyplot as plt
from sklearn.linear_model import LinearRegression
from sklearn.preprocessing import PolynomialFeatures
from sklearn.metrics import mean_squared_error

# Definir una función para generar datos sintéticos
def generate_data(n_samples=50):
 np.random.seed(0)
```

```python
    X = np.sort(5 * np.random.rand(n_samples, 1), axis=0)
    y = np.sin(X).ravel() + np.random.normal(0, 0.1, n_samples)
    return X, y

# Generar datos sintéticos
X, y = generate_data()

# Visualizar los datos sintéticos
plt.figure(figsize=(8, 6))
plt.scatter(X, y, color='blue', label='Datos')
plt.title('Datos de Regresión Polinómica')
plt.xlabel('Variable Independiente (X)')
plt.ylabel('Variable Dependiente (y)')
plt.legend()
plt.show()

# Ajustar un modelo de regresión polinómica de grado 3
poly_features = PolynomialFeatures(degree=3)
X_poly = poly_features.fit_transform(X)

model = LinearRegression()
model.fit(X_poly, y)

# Predecir valores usando el modelo ajustado
X_plot = np.linspace(0, 5, 100).reshape(-1, 1)
X_plot_poly = poly_features.transform(X_plot)
y_pred = model.predict(X_plot_poly)

# Calcular el error cuadrático medio (MSE) en los datos de
entrenamiento
mse = mean_squared_error(y, model.predict(X_poly))
print(f'Error Cuadrático Medio (MSE): {mse:.4f}')

# Visualizar el modelo ajustado
plt.figure(figsize=(8, 6))
plt.scatter(X, y, color='blue', label='Datos')
plt.plot(X_plot, y_pred, color='red', label='Regresión
Polinómica (grado 3)')
```

```
plt.title('Regresión Polinómica')
plt.xlabel('Variable Independiente (X)')
plt.ylabel('Variable Dependiente (y)')
plt.legend()
plt.show()
```

En este ejercicio:

- Generamos datos sintéticos utilizando una función senoidal con ruido.
- Ajustamos un modelo de regresión polinómica de grado 3 utilizando `PolynomialFeatures` de `scikit-learn` para transformar las características.
- Utilizamos `LinearRegression` de `scikit-learn` para ajustar el modelo a los datos transformados.
- Visualizamos tanto los datos originales como la línea de regresión polinómica ajustada.

Puedes ejecutar este código en tu entorno de Python para experimentar con diferentes grados de polinomios (`degree`) y observar cómo cambia el ajuste del modelo. Además, puedes calcular métricas como el Error Cuadrático Medio (MSE) para evaluar el rendimiento del modelo de regresión polinómica.

Resultado:

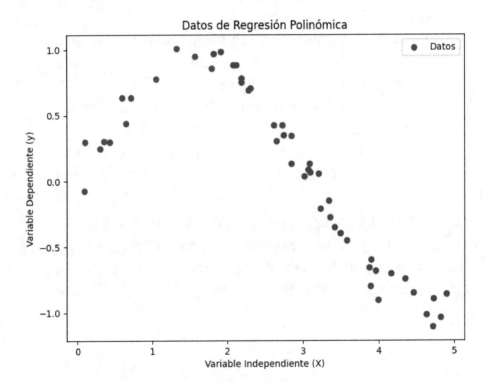

Resultado:

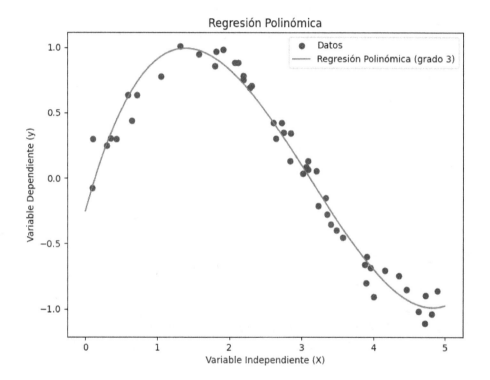

Ejercicio 58. Regresión Polinómica utilizando datos sintéticos

Aquí te presento otro ejercicio de Regresión Polinómica utilizando datos sintéticos. En este ejemplo, generaremos datos con una tendencia no lineal y ajustaremos un modelo de regresión polinómica para capturar esta relación más compleja. También visualizaremos el ajuste del modelo para entender su comportamiento.

```python
# Importar las bibliotecas necesarias
import numpy as np
import matplotlib.pyplot as plt
from sklearn.linear_model import LinearRegression
from sklearn.preprocessing import PolynomialFeatures
from sklearn.metrics import mean_squared_error

# Definir una función para generar datos sintéticos no
lineales
def generate_nonlinear_data(n_samples=100):
 np.random.seed(0)
 X = np.linspace(-3, 3, n_samples)
 y = X**3 - 2*X**2 + 3*X + np.random.normal(0, 9, n_samples)
 return X.reshape(-1, 1), y

# Generar datos sintéticos no lineales
X, y = generate_nonlinear_data()

# Visualizar los datos sintéticos
plt.figure(figsize=(8, 6))
plt.scatter(X, y, color='blue', label='Datos')
plt.title('Datos de Regresión Polinómica (No Lineales)')
plt.xlabel('Variable Independiente (X)')
```

```python
plt.ylabel('Variable Dependiente (y)')
plt.legend()
plt.show()

# Ajustar un modelo de regresión polinómica de grado 3
poly_features = PolynomialFeatures(degree=3)
X_poly = poly_features.fit_transform(X)

model = LinearRegression()
model.fit(X_poly, y)

# Predecir valores usando el modelo ajustado
X_plot = np.linspace(-3, 3, 100).reshape(-1, 1)
X_plot_poly = poly_features.transform(X_plot)
y_pred = model.predict(X_plot_poly)

# Calcular el error cuadrático medio (MSE) en los datos de
entrenamiento
mse = mean_squared_error(y, model.predict(X_poly))
print(f'Error Cuadrático Medio (MSE): {mse:.4f}')

# Visualizar el modelo ajustado
plt.figure(figsize=(8, 6))
plt.scatter(X, y, color='blue', label='Datos')
plt.plot(X_plot, y_pred, color='red', label='Regresión
Polinómica (grado 3)')
plt.title('Regresión Polinómica (No Lineales)')
plt.xlabel('Variable Independiente (X)')
plt.ylabel('Variable Dependiente (y)')
plt.legend()
plt.show()
```

Resultado:

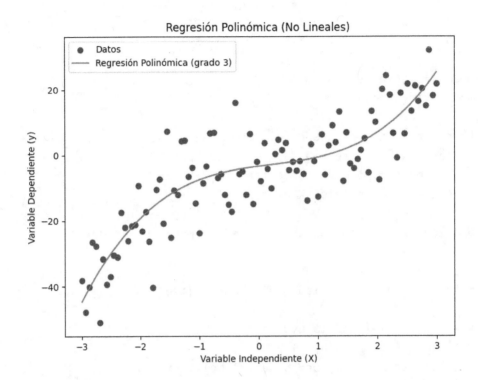

En este ejercicio:

- Generamos datos sintéticos no lineales utilizando una función cúbica con ruido.
- Ajustamos un modelo de regresión polinómica de grado 3 utilizando `PolynomialFeatures` de `scikit-learn` para transformar las características.
- Utilizamos `LinearRegression` de `scikit-learn` para ajustar el modelo a los datos transformados.

- Visualizamos tanto los datos originales como la curva de regresión polinómica ajustada.

Al ejecutar este código, podrás observar cómo el modelo de regresión polinómica de grado 3 captura la relación no lineal entre la variable independiente (X) y la variable dependiente (y). Puedes experimentar modificando el grado del polinomio (`degree`) para ver cómo afecta el ajuste del modelo y el Error Cuadrático Medio (MSE).

Ejercicio 59. Regresión Polinómica con una relación sinusoidal

otro ejercicio de Regresión Polinómica utilizando datos sintéticos con una tendencia más compleja. En este ejemplo, generaremos datos con una relación sinusoidal y luego ajustaremos un modelo de regresión polinómica para capturar esta relación no lineal. Vamos a visualizar los datos y el ajuste del modelo para entender cómo funciona la regresión polinómica en este escenario.

```python
# Importar las bibliotecas necesarias
import numpy as np
import matplotlib.pyplot as plt
from sklearn.linear_model import LinearRegression
from sklearn.preprocessing import PolynomialFeatures
from sklearn.metrics import mean_squared_error

# Definir una función para generar datos sintéticos con
relación sinusoidal
def generate_sinusoidal_data(n_samples=100):
 np.random.seed(0)
 X = np.linspace(0, 2*np.pi, n_samples)
 y = np.sin(X) + np.random.normal(0, 0.3, n_samples)
 return X.reshape(-1, 1), y

# Generar datos sintéticos con relación sinusoidal
X, y = generate_sinusoidal_data()

# Visualizar los datos sintéticos
plt.figure(figsize=(8, 6))
plt.scatter(X, y, color='blue', label='Datos')
plt.title('Datos de Regresión Polinómica (Relación
Sinusoidal)')
plt.xlabel('Variable Independiente (X)')
plt.ylabel('Variable Dependiente (y)')
```

```python
plt.legend()
plt.show()

# Ajustar un modelo de regresión polinómica de grado 5
poly_features = PolynomialFeatures(degree=5)
X_poly = poly_features.fit_transform(X)

model = LinearRegression()
model.fit(X_poly, y)

# Predecir valores usando el modelo ajustado
X_plot = np.linspace(0, 2*np.pi, 100).reshape(-1, 1)
X_plot_poly = poly_features.transform(X_plot)
y_pred = model.predict(X_plot_poly)

# Calcular el error cuadrático medio (MSE) en los datos de
entrenamiento
mse = mean_squared_error(y, model.predict(X_poly))
print(f'Error Cuadrático Medio (MSE): {mse:.4f}')

# Visualizar el modelo ajustado
plt.figure(figsize=(8, 6))
plt.scatter(X, y, color='blue', label='Datos')
plt.plot(X_plot, y_pred, color='red', label='Regresión
Polinómica (grado 5)')
plt.title('Regresión Polinómica (Relación Sinusoidal)')
plt.xlabel('Variable Independiente (X)')
plt.ylabel('Variable Dependiente (y)')
plt.legend()
plt.show()
```

Resultado:

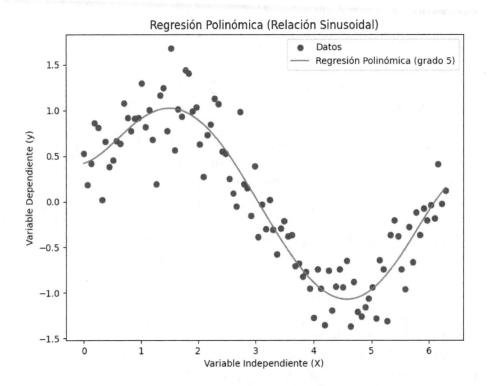

En este ejercicio:

- Generamos datos sintéticos con una relación sinusoidal y agregamos ruido gaussiano.
- Ajustamos un modelo de regresión polinómica de grado 5 utilizando `PolynomialFeatures` de `scikit-learn` para transformar las características.
- Utilizamos `LinearRegression` de `scikit-learn` para ajustar el modelo a los datos transformados.
- Visualizamos tanto los datos originales como la curva de regresión polinómica ajustada.

Al ejecutar este código, podrás observar cómo el modelo de regresión polinómica de grado 5 captura la relación sinusoidal subyacente en los datos, incluyendo las variaciones causadas por el ruido. Puedes experimentar modificando el grado del polinomio (`degree`) y observar cómo afecta el ajuste del modelo y el Error Cuadrático Medio (MSE). ¡Espero que encuentres útil este ejercicio de Regresión Polinómica!

Ejercicio 60. Regresión Polinómica con una relación cuadrática.

ejercicio de Regresión Polinómica utilizando datos sintéticos con una tendencia cuadrática. En este ejemplo, generaremos datos con una relación cuadrática y luego ajustaremos un modelo de regresión polinómica para capturar esta relación no lineal. Vamos a visualizar los datos y el ajuste del modelo para comprender cómo funciona la regresión polinómica en este contexto.

```python
# Importar las bibliotecas necesarias
import numpy as np
import matplotlib.pyplot as plt
from sklearn.linear_model import LinearRegression
from sklearn.preprocessing import PolynomialFeatures
from sklearn.metrics import mean_squared_error

# Definir una función para generar datos sintéticos con
relación cuadrática
def generate_quadratic_data(n_samples=100):
 np.random.seed(0)
 X = np.linspace(-3, 3, n_samples)
 y = 2*X**2 - 3*X + 1 + np.random.normal(0, 3, n_samples)
 return X.reshape(-1, 1), y

# Generar datos sintéticos con relación cuadrática
X, y = generate_quadratic_data()

# Visualizar los datos sintéticos
plt.figure(figsize=(8, 6))
plt.scatter(X, y, color='blue', label='Datos')
plt.title('Datos de Regresión Polinómica (Relación
Cuadrática)')
plt.xlabel('Variable Independiente (X)')
```

```python
plt.ylabel('Variable Dependiente (y)')
plt.legend()
plt.show()

# Ajustar un modelo de regresión polinómica de grado 2
poly_features = PolynomialFeatures(degree=2)
X_poly = poly_features.fit_transform(X)

model = LinearRegression()
model.fit(X_poly, y)

# Predecir valores usando el modelo ajustado
X_plot = np.linspace(-3, 3, 100).reshape(-1, 1)
X_plot_poly = poly_features.transform(X_plot)
y_pred = model.predict(X_plot_poly)

# Calcular el error cuadrático medio (MSE) en los datos de
entrenamiento
mse = mean_squared_error(y, model.predict(X_poly))
print(f'Error Cuadrático Medio (MSE): {mse:.4f}')

# Visualizar el modelo ajustado
plt.figure(figsize=(8, 6))
plt.scatter(X, y, color='blue', label='Datos')
plt.plot(X_plot, y_pred, color='red', label='Regresión
Polinómica (grado 2)')
plt.title('Regresión Polinómica (Relación Cuadrática)')
plt.xlabel('Variable Independiente (X)')
plt.ylabel('Variable Dependiente (y)')
plt.legend()
plt.show()
```

Resultado:

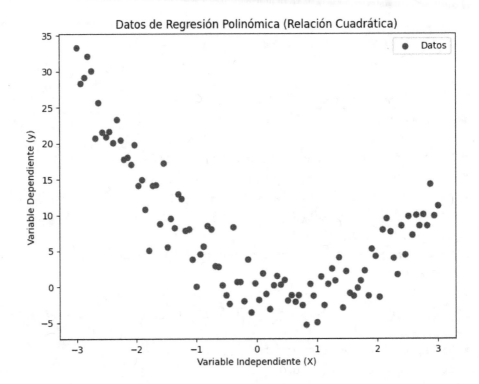

Resultado:

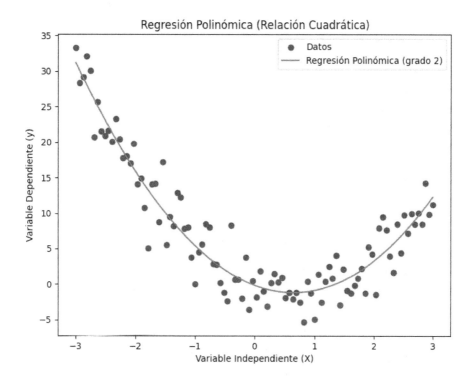

En este ejercicio:

- Generamos datos sintéticos con una relación cuadrática y agregamos ruido gaussiano.
- Ajustamos un modelo de regresión polinómica de grado 2 utilizando `PolynomialFeatures` de `scikit-learn` para transformar las características.
- Utilizamos `LinearRegression` de `scikit-learn` para ajustar el modelo a los datos transformados.
- Visualizamos tanto los datos originales como la curva de regresión polinómica ajustada.

Al ejecutar este código, podrás observar cómo el modelo de regresión polinómica de grado 2 captura la relación cuadrática subyacente en los datos, incluyendo las variaciones causadas por el ruido. Puedes experimentar modificando el grado del polinomio (`degree`) y observar cómo afecta el ajuste del modelo y el Error Cuadrático Medio (MSE).

Ejercicio 61. Regresión Polinómica con una relación exponencial

ejercicio de Regresión Polinómica utilizando datos sintéticos con una tendencia no lineal. En este ejemplo, generaremos datos con una relación exponencial y luego ajustaremos un modelo de regresión polinómica para capturar esta relación no lineal. Vamos a visualizar los datos y el ajuste del modelo para comprender cómo funciona la regresión polinómica en este escenario.

```python
# Importar las bibliotecas necesarias
import numpy as np
import matplotlib.pyplot as plt
from sklearn.linear_model import LinearRegression
from sklearn.preprocessing import PolynomialFeatures
from sklearn.metrics import mean_squared_error

# Definir una función para generar datos sintéticos con
relación exponencial
def generate_exponential_data(n_samples=100):
 np.random.seed(0)
 X = np.linspace(0, 4, n_samples)
 y = np.exp(X) + np.random.normal(0, 1, n_samples)
 return X.reshape(-1, 1), y

# Generar datos sintéticos con relación exponencial
X, y = generate_exponential_data()

# Visualizar los datos sintéticos
plt.figure(figsize=(8, 6))
plt.scatter(X, y, color='blue', label='Datos')
plt.title('Datos de Regresión Polinómica (Relación
Exponencial)')
plt.xlabel('Variable Independiente (X)')
```

```python
plt.ylabel('Variable Dependiente (y)')
plt.legend()
plt.show()

# Ajustar un modelo de regresión polinómica de grado 3
poly_features = PolynomialFeatures(degree=3)
X_poly = poly_features.fit_transform(X)

model = LinearRegression()
model.fit(X_poly, y)

# Predecir valores usando el modelo ajustado
X_plot = np.linspace(0, 4, 100).reshape(-1, 1)
X_plot_poly = poly_features.transform(X_plot)
y_pred = model.predict(X_plot_poly)

# Calcular el error cuadrático medio (MSE) en los datos de
entrenamiento
mse = mean_squared_error(y, model.predict(X_poly))
print(f'Error Cuadrático Medio (MSE): {mse:.4f}')

# Visualizar el modelo ajustado
plt.figure(figsize=(8, 6))
plt.scatter(X, y, color='blue', label='Datos')
plt.plot(X_plot, y_pred, color='red', label='Regresión
Polinómica (grado 3)')
plt.title('Regresión Polinómica (Relación Exponencial)')
plt.xlabel('Variable Independiente (X)')
plt.ylabel('Variable Dependiente (y)')
plt.legend()
plt.show()
```

Resultado:

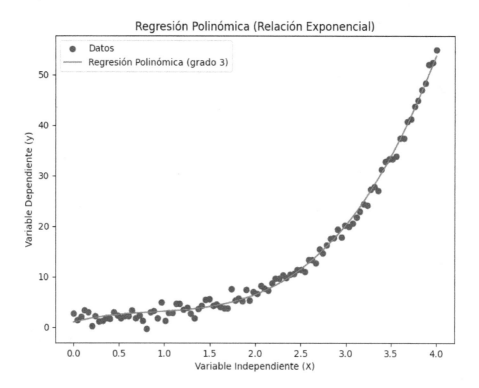

En este ejercicio:

- Generamos datos sintéticos con una relación exponencial y agregamos ruido gaussiano.
- Ajustamos un modelo de regresión polinómica de grado 3 utilizando `PolynomialFeatures` de `scikit-learn` para transformar las características.
- Utilizamos `LinearRegression` de `scikit-learn` para ajustar el modelo a los datos transformados.
- Visualizamos tanto los datos originales como la curva de regresión polinómica ajustada.

Al ejecutar este código, podrás observar cómo el modelo de regresión polinómica de grado 3 captura la relación exponencial subyacente en los datos, incluyendo las variaciones causadas por el ruido. Puedes experimentar modificando el grado del polinomio (`degree`) y observar cómo afecta el ajuste del modelo y el Error Cuadrático Medio (MSE).

Ejercicio 62. Regresión Ridge (L2) y Regresión Lasso (L1)

ejercicio que muestra cómo aplicar Regresión Ridge (L2) y Regresión Lasso (L1) utilizando datos sintéticos. Estos ejemplos demostrarán cómo implementar la regularización avanzada en modelos de regresión para controlar el sobreajuste.

En este ejemplo, utilizaremos datos sintéticos con una relación lineal y agregaremos ruido para simular un problema de regresión. Luego, ajustaremos modelos de regresión Ridge y Lasso para comparar cómo afecta la regularización a los coeficientes del modelo y la capacidad de generalización.

```python
# Importar las bibliotecas necesarias
import numpy as np
import matplotlib.pyplot as plt
from sklearn.model_selection import train_test_split
from sklearn.linear_model import Ridge, Lasso
from sklearn.preprocessing import PolynomialFeatures
from sklearn.metrics import mean_squared_error

# Función para generar datos sintéticos
def generate_data(n_samples=100):
 np.random.seed(0)
 X = np.linspace(0, 10, n_samples)
 y = 2*X + np.random.normal(0, 1, n_samples)
 return X.reshape(-1, 1), y

# Generar datos sintéticos
X, y = generate_data()

# Dividir los datos en conjunto de entrenamiento y prueba
```

```
X_train, X_test, y_train, y_test = train_test_split(X, y,
test_size=0.2, random_state=0)

# Transformar características polinómicas para usar en modelos
Ridge y Lasso
poly_features = PolynomialFeatures(degree=10)
X_poly_train = poly_features.fit_transform(X_train)
X_poly_test = poly_features.transform(X_test)

# Entrenar modelos de Regresión Ridge y Regresión Lasso
alpha = 1.0 # Parámetro de regularización
ridge_model = Ridge(alpha=alpha)
lasso_model = Lasso(alpha=alpha)

ridge_model.fit(X_poly_train, y_train)
lasso_model.fit(X_poly_train, y_train)

# Calcular predicciones y errores en conjunto de prueba
y_pred_ridge = ridge_model.predict(X_poly_test)
y_pred_lasso = lasso_model.predict(X_poly_test)

mse_ridge = mean_squared_error(y_test, y_pred_ridge)
mse_lasso = mean_squared_error(y_test, y_pred_lasso)

# Visualizar resultados
plt.figure(figsize=(10, 6))
plt.scatter(X_test, y_test, color='blue', label='Datos de
prueba')

# Ordenar los puntos para visualizar las líneas de predicción
sort_idx = np.argsort(X_test.flatten())
plt.plot(X_test[sort_idx], y_pred_ridge[sort_idx],
color='red', label=f'Ridge (MSE={mse_ridge:.2f})')
plt.plot(X_test[sort_idx], y_pred_lasso[sort_idx],
color='green', label=f'Lasso (MSE={mse_lasso:.2f})')

plt.title('Regresión Ridge vs. Regresión Lasso')
plt.xlabel('Variable Independiente (X)')
```

```
plt.ylabel('Variable Dependiente (y)')
plt.legend()
plt.show()

# Mostrar coeficientes de Ridge y Lasso
print("Coeficientes de Ridge:")
print(ridge_model.coef_)

print("\nCoeficientes de Lasso:")
print(lasso_model.coef_)
```

Resultado:

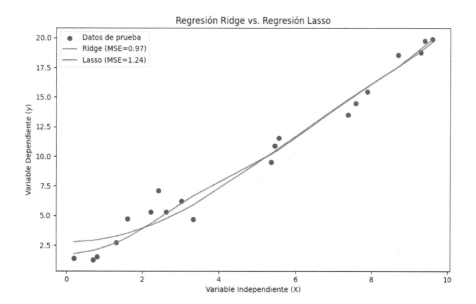

En este ejercicio:

- Generamos datos sintéticos con una relación lineal y agregamos ruido.
- Dividimos los datos en conjuntos de entrenamiento y prueba.
- Utilizamos características polinómicas de grado 10 para capturar relaciones no lineales.
- Entrenamos modelos de Regresión Ridge y Regresión Lasso con un parámetro de regularización (`alpha`).
- Calculamos las predicciones y el error cuadrático medio (MSE) en el conjunto de prueba.
- Visualizamos las predicciones de ambos modelos junto con los datos de prueba.

Puedes experimentar modificando el grado del polinomio (`degree`) y el parámetro de regularización (`alpha`) para observar cómo afectan el ajuste de los modelos y sus coeficientes. Además, puedes explorar cómo cambian los coeficientes de Ridge y Lasso en respuesta a la regularización. ¡Espero que este ejercicio te sea útil para entender y aplicar Regresión Ridge y Lasso con regularización avanzada!

Ejercicio 63. Regresión Ridge y Regresión Lasso.

ejercicio que utiliza Regresión Ridge y Regresión Lasso con datos sintéticos para mostrar cómo la regularización afecta el ajuste del modelo y la generalización.

En este ejemplo, generaremos datos con una relación lineal pero agregaremos características irrelevantes (ruido) para simular un escenario de sobreajuste. Luego, aplicaremos Regresión Ridge y Regresión Lasso para comparar cómo manejan estas características irrelevantes y controlan el sobreajuste.

```python
# Importar las bibliotecas necesarias
import numpy as np
import matplotlib.pyplot as plt
from sklearn.linear_model import Ridge, Lasso
from sklearn.preprocessing import PolynomialFeatures
from sklearn.model_selection import train_test_split  #
Importar train_test_split
from sklearn.metrics import mean_squared_error

# Función para generar datos sintéticos con características
irrelevantes (ruido)
def generate_data(n_samples=50):
    np.random.seed(0)
    X = np.linspace(0, 2*np.pi, n_samples)
    y = np.sin(X) + np.random.normal(0, 0.5, n_samples)

    # Agregar características irrelevantes (ruido)
    X = np.vstack([X, np.random.randn(n_samples)]).T

    return X, y
```

```python
# Generar datos sintéticos
X, y = generate_data()

# Dividir los datos en conjunto de entrenamiento y prueba
X_train, X_test, y_train, y_test = train_test_split(X, y,
test_size=0.3, random_state=0)

# Entrenar modelos de Regresión Ridge y Regresión Lasso con
diferentes valores de alpha
alphas = [0.1, 1.0, 10.0]  # Valores de regularización

plt.figure(figsize=(12, 6))

for i, alpha in enumerate(alphas):
    # Entrenar modelo de Regresión Ridge
    ridge_model = Ridge(alpha=alpha)
    ridge_model.fit(X_train, y_train)
    y_pred_ridge = ridge_model.predict(X_test)
    mse_ridge = mean_squared_error(y_test, y_pred_ridge)

    # Entrenar modelo de Regresión Lasso
    lasso_model = Lasso(alpha=alpha)
    lasso_model.fit(X_train, y_train)
    y_pred_lasso = lasso_model.predict(X_test)
    mse_lasso = mean_squared_error(y_test, y_pred_lasso)

    # Graficar las predicciones de Ridge y Lasso
    plt.subplot(1, 3, i+1)
    plt.scatter(X_test[:, 0], y_test, color='blue',
label='Datos de prueba')
    plt.plot(X_test[:, 0], y_pred_ridge, color='red',
label=f'Ridge (MSE={mse_ridge:.2f})')
    plt.plot(X_test[:, 0], y_pred_lasso, color='green',
label=f'Lasso (MSE={mse_lasso:.2f})')
    plt.title(f'alpha={alpha}')
    plt.xlabel('Variable Independiente (X)')
    plt.ylabel('Variable Dependiente (y)')
    plt.legend()
```

```
plt.tight_layout()
plt.show()
```

Resultado:

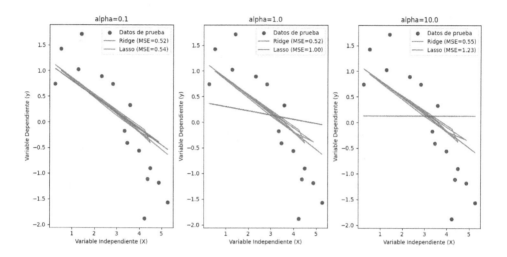

En este ejercicio:

- Generamos datos sintéticos con una relación lineal y agregamos características irrelevantes (ruido).
- Dividimos los datos en conjuntos de entrenamiento y prueba.
- Entrenamos modelos de Regresión Ridge y Regresión Lasso con diferentes valores de `alpha` (parámetro de regularización).
- Calculamos las predicciones y el error cuadrático medio (MSE) en el conjunto de prueba para cada modelo.
- Graficamos las predicciones de los modelos Ridge y Lasso junto con los datos de prueba.

Observa cómo los modelos de Regresión Ridge y Regresión Lasso responden a las características irrelevantes (ruido) en los datos y controlan el sobreajuste de manera diferente debido a la regularización. Puedes experimentar modificando los valores de `alpha` y observar cómo afecta el ajuste del modelo y el error de predicción en el conjunto de prueba. Este ejercicio ilustra cómo la regularización puede ayudar a mejorar la capacidad de generalización de los modelos de regresión en presencia de características irrelevantes. Espero que este ejemplo sea útil para comprender mejor el uso de Regresión Ridge y Lasso con regularización avanzada.

Ejercicio 64. Regresión Ridge y Regresión Lasso.

Ejercicio utilizando Regresión Ridge y Regresión Lasso con datos sintéticos para ilustrar cómo la regularización controla el sobreajuste. En este ejemplo, generaremos datos con una relación no lineal y aplicaremos ambas técnicas de regularización para comparar su efecto en la capacidad de generalización del modelo.

```
# Importar las bibliotecas necesarias
import numpy as np
import matplotlib.pyplot as plt
from sklearn.linear_model import Ridge, Lasso
from sklearn.preprocessing import PolynomialFeatures
from sklearn.metrics import mean_squared_error
from sklearn.model_selection import train_test_split

# Función para generar datos sintéticos con relación no lineal
def generate_data(n_samples=50):
 np.random.seed(0)
 X = np.linspace(-3, 3, n_samples)
 y = X**3 + np.random.normal(0, 3, n_samples)
 return X, y

# Generar datos sintéticos
X, y = generate_data()

# Dividir los datos en conjunto de entrenamiento y prueba
X_train, X_test, y_train, y_test = train_test_split(X, y,
test_size=0.3, random_state=0)

# Transformar características polinómicas para usar en modelos
Ridge y Lasso
poly = PolynomialFeatures(degree=10)
X_train_poly = poly.fit_transform(X_train.reshape(-1, 1))
```

```python
X_test_poly = poly.transform(X_test.reshape(-1, 1))

# Entrenar modelos de Regresión Ridge y Regresión Lasso con
diferentes valores de alpha
alphas = [0.01, 0.1, 1.0] # Valores de regularización

plt.figure(figsize=(12, 6))

for i, alpha in enumerate(alphas):
 # Entrenar modelo de Regresión Ridge
 ridge_model = Ridge(alpha=alpha)
 ridge_model.fit(X_train_poly, y_train)
 y_pred_ridge = ridge_model.predict(X_test_poly)
 mse_ridge = mean_squared_error(y_test, y_pred_ridge)

 # Entrenar modelo de Regresión Lasso
 lasso_model = Lasso(alpha=alpha)
 lasso_model.fit(X_train_poly, y_train)
 y_pred_lasso = lasso_model.predict(X_test_poly)
 mse_lasso = mean_squared_error(y_test, y_pred_lasso)

 # Graficar las predicciones de Ridge y Lasso
 plt.subplot(1, 3, i+1)
 plt.scatter(X_test, y_test, color='blue', label='Datos de
prueba')
 plt.plot(X_test, y_pred_ridge, color='red', label=f'Ridge
(MSE={mse_ridge:.2f})')
 plt.plot(X_test, y_pred_lasso, color='green', label=f'Lasso
(MSE={mse_lasso:.2f})')
 plt.title(f'alpha={alpha}')
 plt.xlabel('Variable Independiente (X)')
 plt.ylabel('Variable Dependiente (y)')
 plt.legend()

plt.tight_layout()
plt.show()
```

En este ejercicio:

- Generamos datos sintéticos con una relación no lineal (cúbica) y agregamos ruido.
- Dividimos los datos en conjuntos de entrenamiento y prueba.
- Utilizamos características polinómicas de grado 10 para capturar la relación no lineal.
- Entrenamos modelos de Regresión Ridge y Regresión Lasso con diferentes valores de `alpha` (parámetro de regularización).
- Calculamos las predicciones y el error cuadrático medio (MSE) en el conjunto de prueba para cada modelo.
- Graficamos las predicciones de los modelos Ridge y Lasso junto con los datos de prueba.

Observa cómo cambian las predicciones y los errores (MSE) cuando variamos el valor de `alpha` para la regularización en ambos modelos. La regularización ayuda a controlar el sobreajuste y mejorar la capacidad de generalización del modelo, especialmente en presencia de una relación no lineal en los datos. Puedes experimentar modificando los valores de `alpha` y explorar cómo afectan el ajuste del modelo y el error de predicción en el conjunto de prueba. Este ejercicio te ofrece una comprensión práctica de cómo aplicar Regresión Ridge y Regresión Lasso para problemas de regresión con datos no lineales.

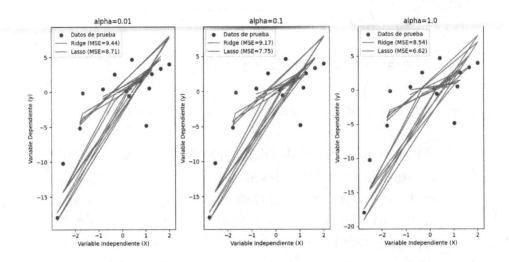

211

Ejercicio 65. Regresión Ridge y Regresión Lasso

Ejercicio que utiliza Regresión Ridge y Regresión Lasso con datos sintéticos para mostrar cómo la regularización afecta el ajuste del modelo y la capacidad de generalización. En este caso, generaremos datos con una relación lineal y aplicaremos ambas técnicas de regularización para comparar su desempeño.

```python
# Importar las bibliotecas necesarias
import numpy as np
import matplotlib.pyplot as plt
from sklearn.linear_model import Ridge, Lasso
from sklearn.preprocessing import PolynomialFeatures
from sklearn.metrics import mean_squared_error
from sklearn.model_selection import train_test_split

# Función para generar datos sintéticos
def generate_data(n_samples=50):
 np.random.seed(0)
 X = np.linspace(0, 10, n_samples)
 y = 3*X + np.random.normal(0, 2, n_samples)
 return X, y

# Generar datos sintéticos
X, y = generate_data()

# Dividir los datos en conjunto de entrenamiento y prueba
X_train, X_test, y_train, y_test = train_test_split(X, y,
test_size=0.3, random_state=0)

# Transformar características polinómicas para usar en modelos
Ridge y Lasso
poly = PolynomialFeatures(degree=10)
```

```python
X_train_poly = poly.fit_transform(X_train.reshape(-1, 1))
X_test_poly = poly.transform(X_test.reshape(-1, 1))

# Entrenar modelos de Regresión Ridge y Regresión Lasso con
diferentes valores de alpha
alphas = [0.01, 0.1, 1.0] # Valores de regularización

plt.figure(figsize=(12, 6))

for i, alpha in enumerate(alphas):
 # Entrenar modelo de Regresión Ridge
 ridge_model = Ridge(alpha=alpha)
 ridge_model.fit(X_train_poly, y_train)
 y_pred_ridge = ridge_model.predict(X_test_poly)
 mse_ridge = mean_squared_error(y_test, y_pred_ridge)

 # Entrenar modelo de Regresión Lasso
 lasso_model = Lasso(alpha=alpha)
 lasso_model.fit(X_train_poly, y_train)
 y_pred_lasso = lasso_model.predict(X_test_poly)
 mse_lasso = mean_squared_error(y_test, y_pred_lasso)

 # Graficar las predicciones de Ridge y Lasso
 plt.subplot(1, 3, i+1)
 plt.scatter(X_test, y_test, color='blue', label='Datos de
prueba')
 plt.plot(X_test, y_pred_ridge, color='red', label=f'Ridge
(MSE={mse_ridge:.2f})')
 plt.plot(X_test, y_pred_lasso, color='green', label=f'Lasso
(MSE={mse_lasso:.2f})')
 plt.title(f'alpha={alpha}')
 plt.xlabel('Variable Independiente (X)')
 plt.ylabel('Variable Dependiente (y)')
 plt.legend()

plt.tight_layout()
plt.show()
```

En este ejercicio:

- Generamos datos sintéticos con una relación lineal y agregamos ruido.
- Dividimos los datos en conjuntos de entrenamiento y prueba.
- Utilizamos características polinómicas de grado 10 para capturar relaciones no lineales.
- Entrenamos modelos de Regresión Ridge y Regresión Lasso con diferentes valores de `alpha` (parámetro de regularización).
- Calculamos las predicciones y el error cuadrático medio (MSE) en el conjunto de prueba para cada modelo.
- Graficamos las predicciones de los modelos Ridge y Lasso junto con los datos de prueba.

Observa cómo cambian las predicciones y los errores (MSE) cuando variamos el valor de `alpha` para la regularización en ambos modelos. La regularización ayuda a controlar el sobreajuste y mejorar la capacidad de generalización del modelo, incluso en el caso de datos con una relación lineal simple pero ruidosos. Puedes experimentar modificando los valores de `alpha` y explorar cómo afectan el ajuste del modelo y el error de predicción en el conjunto de prueba. Este ejercicio te proporciona una experiencia práctica para entender cómo aplicar Regresión Ridge y Regresión Lasso en problemas de regresión lineal con datos sintéticos.

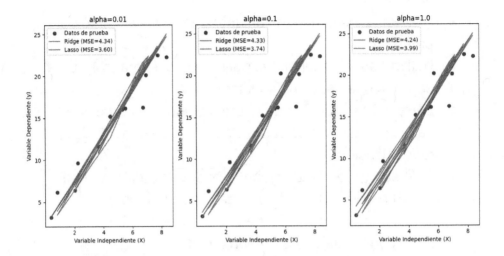

Ejercicio 66. Regresión Robusta con Algoritmo RANSAC 1

Ejercicio que aborda el tema de la regresión robusta y cómo manejar outliers o datos atípicos utilizando el estimador RANSAC (RANdom SAmple Consensus). RANSAC es un método robusto que puede ser útil para ajustar modelos de regresión lineal en presencia de datos atípicos.

En este ejemplo, generaremos datos sintéticos con outliers y luego utilizaremos RANSAC para ajustar un modelo de regresión lineal que sea robusto frente a estos datos atípicos.

```python
# Importar las bibliotecas necesarias
import numpy as np
import matplotlib.pyplot as plt
from sklearn.linear_model import RANSACRegressor,
LinearRegression
from sklearn.metrics import mean_squared_error


# Función para generar datos sintéticos con outliers
def generate_data_with_outliers(n_samples=50, noise=0.5,
outlier_fraction=0.1):
    np.random.seed(0)
    X = np.linspace(0, 10, n_samples)
    y = 3*X + noise * np.random.randn(n_samples)  # Relación
lineal con ruido

    # Introducir outliers
    outlier_indices = np.random.choice(np.arange(n_samples),
size=int(outlier_fraction * n_samples), replace=False)
    y[outlier_indices] += 10 *
np.random.randn(len(outlier_indices))  # Añadir outliers
```

```python
    return X, y

# Generar datos sintéticos con outliers
X, y = generate_data_with_outliers()

# Reshape X para que sea compatible con el modelo
X = X.reshape(-1, 1)

# Inicializar y entrenar el modelo RANSACRegressor (regresión
robusta)
ransac = RANSACRegressor(LinearRegression(), min_samples=30,
residual_threshold=5.0, random_state=0)
ransac.fit(X, y)

# Obtener las inliers y outliers identificados por RANSAC
inlier_mask = ransac.inlier_mask_
outlier_mask = np.logical_not(inlier_mask)

# Predecir los valores de y usando el modelo ajustado por
RANSAC
y_pred = ransac.predict(X)

# Calcular el error cuadrático medio (MSE) en los inliers
mse_inliers = mean_squared_error(y[inlier_mask],
y_pred[inlier_mask])

# Visualizar los resultados
plt.figure(figsize=(10, 6))
plt.scatter(X[inlier_mask], y[inlier_mask], color='blue',
label='Inliers')
plt.scatter(X[outlier_mask], y[outlier_mask], color='red',
label='Outliers')
plt.plot(X, y_pred, color='black', linewidth=2,
label='Regresión RANSAC')
plt.title('Regresión Robusta con RANSAC')
plt.xlabel('Variable Independiente (X)')
plt.ylabel('Variable Dependiente (y)')
plt.legend()
```

```
plt.text(0.05, 0.9, f'MSE en inliers: {mse_inliers:.2f}',
transform=plt.gca().transAxes, fontsize=12,
verticalalignment='top')

plt.show()
```

Resultado:

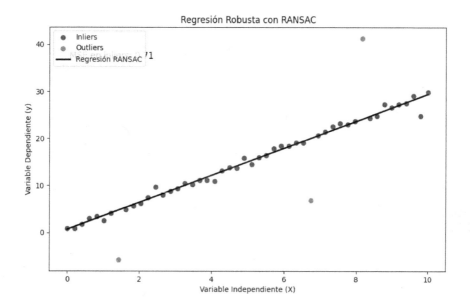

En este ejercicio:

- Generamos datos sintéticos con una relación lineal y
  agregamos ruido, así como outliers de forma aleatoria.

- Utilizamos el modelo `RANSACRegressor` de scikit-learn para ajustar un modelo de regresión lineal robusto que sea menos sensible a los outliers.
- Identificamos los inliers (puntos que se ajustan bien al modelo) y outliers (puntos que se desvían significativamente del modelo) detectados por RANSAC.
- Visualizamos los datos, resaltando los inliers y outliers, junto con la línea de regresión ajustada por RANSAC.
- Calculamos el error cuadrático medio (MSE) en los inliers para evaluar la calidad del ajuste robusto.

Este ejercicio te permite experimentar con el concepto de regresión robusta y cómo usar RANSAC para manejar datos atípicos u outliers al ajustar modelos de regresión lineal. Puedes ajustar los parámetros como `min_samples` y `residual_threshold` en `RANSACRegressor` según sea necesario para adaptarse a diferentes situaciones de datos. ¡Espero que encuentres útil este ejercicio para comprender mejor cómo tratar outliers en modelos de regresión!

Ejercicio 67. Regresión Robusta con Algoritmo RANSAC 2

otro ejemplo que utiliza el algoritmo RANSAC (RANdom SAmple Consensus) para realizar una regresión robusta en presencia de datos atípicos. En este caso, generaremos datos sintéticos con una relación no lineal y añadiremos outliers para ilustrar cómo RANSAC puede manejar estos casos de manera efectiva.

```python
# Importar las bibliotecas necesarias
import numpy as np
import matplotlib.pyplot as plt
from sklearn.linear_model import RANSACRegressor,
LinearRegression
from sklearn.metrics import mean_squared_error

# Función para generar datos sintéticos con relación no lineal
y outliers
def generate_nonlinear_data_with_outliers(n_samples=100,
noise=1.0, outlier_fraction=0.1):
 np.random.seed(0)
 X = np.linspace(-5, 5, n_samples)
 y = X**3 + noise * np.random.randn(n_samples) # Relación
cúbica con ruido

 # Introducir outliers
 outlier_indices = np.random.choice(np.arange(n_samples),
size=int(outlier_fraction * n_samples), replace=False)
 y[outlier_indices] += np.random.randint(low=50, high=100,
size=len(outlier_indices)) # Añadir outliers

 return X, y
```

```python
# Generar datos sintéticos con relación no lineal y outliers
X, y = generate_nonlinear_data_with_outliers()

# Reshape X para que sea compatible con el modelo
X = X.reshape(-1, 1)

# Inicializar y entrenar el modelo RANSACRegressor (regresión
robusta)
ransac = RANSACRegressor(LinearRegression(), min_samples=30,
residual_threshold=10.0, random_state=0)
ransac.fit(X, y)

# Obtener las inliers y outliers identificados por RANSAC
inlier_mask = ransac.inlier_mask_
outlier_mask = np.logical_not(inlier_mask)

# Predecir los valores de y usando el modelo ajustado por
RANSAC
y_pred = ransac.predict(X)

# Calcular el error cuadrático medio (MSE) en los inliers
mse_inliers = mean_squared_error(y[inlier_mask],
y_pred[inlier_mask])

# Visualizar los resultados
plt.figure(figsize=(10, 6))
plt.scatter(X[inlier_mask], y[inlier_mask], color='blue',
label='Inliers')
plt.scatter(X[outlier_mask], y[outlier_mask], color='red',
label='Outliers')
plt.plot(X, y_pred, color='black', linewidth=2,
label='Regresión RANSAC')
plt.title('Regresión Robusta con RANSAC (Datos No Lineales)')
plt.xlabel('Variable Independiente (X)')
plt.ylabel('Variable Dependiente (y)')
plt.legend()
```

```
plt.text(0.05, 0.9, f'MSE en inliers: {mse_inliers:.2f}',
transform=plt.gca().transAxes, fontsize=12,
verticalalignment='top')

plt.show()
```

Resultado:

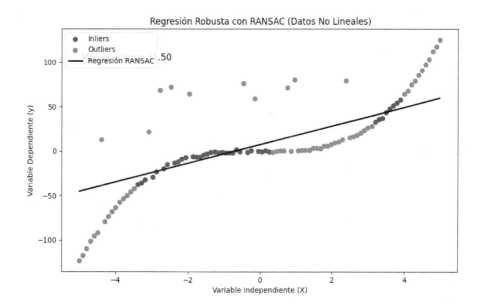

En este nuevo ejemplo:

- Generamos datos sintéticos con una relación no lineal cúbica y añadimos outliers de forma aleatoria.
- Utilizamos el modelo `RANSACRegressor` con una `LinearRegression` como estimador base para realizar una regresión robusta.
- Identificamos los inliers y outliers detectados por RANSAC.
- Realizamos predicciones de y utilizando el modelo ajustado por RANSAC.
- Calculamos el error cuadrático medio (MSE) en los inliers para evaluar la calidad del ajuste robusto.

La visualización muestra los datos originales, resaltando los inliers y outliers, junto con la línea de regresión ajustada por RANSAC. Observa cómo RANSAC se concentra en ajustar el modelo principalmente a los inliers, ignorando en gran medida los outliers, lo que permite obtener una regresión más robusta en presencia de datos atípicos.

Puedes ajustar los parámetros como `min_samples` y `residual_threshold` en `RANSACRegressor` según sea necesario para adaptarse a diferentes distribuciones de datos y niveles de ruido. ¡Espero que este ejemplo te sea útil para comprender cómo aplicar regresión robusta con RANSAC en casos prácticos!

Ejercicio 68. Regresión Robusta con Algoritmo RANSAC 3

Ejercicio que utiliza el algoritmo RANSAC (RANdom SAmple Consensus) para realizar una regresión robusta con datos sintéticos que contienen outliers. En este ejemplo, generaremos datos lineales con outliers y aplicaremos RANSAC para ajustar un modelo de regresión lineal que sea robusto frente a estos datos atípicos.

```python
# Importar las bibliotecas necesarias
import numpy as np
import matplotlib.pyplot as plt
from sklearn.linear_model import RANSACRegressor,
LinearRegression
from sklearn.metrics import mean_squared_error


# Función para generar datos sintéticos con outliers
def generate_data_with_outliers(n_samples=100, noise=1.0,
outlier_fraction=0.1):
 np.random.seed(0)
 X = np.linspace(0, 10, n_samples)
 y = 3*X + noise * np.random.randn(n_samples) # Relación
lineal con ruido

 # Introducir outliers
 outlier_indices = np.random.choice(np.arange(n_samples),
size=int(outlier_fraction * n_samples), replace=False)
 y[outlier_indices] += 30 *
np.random.randn(len(outlier_indices)) # Añadir outliers

 return X, y
```

```python
# Generar datos sintéticos con outliers
X, y = generate data with outliers()

# Reshape X para que sea compatible con el modelo
X = X.reshape(-1, 1)

# Inicializar y entrenar el modelo RANSACRegressor (regresión
robusta)
ransac = RANSACRegressor(LinearRegression(), random_state=0)
ransac.fit(X, y)

# Obtener las inliers y outliers identificados por RANSAC
inlier_mask = ransac.inlier_mask_
outlier_mask = np.logical_not(inlier_mask)

# Predecir los valores de y usando el modelo ajustado por
RANSAC
y_pred = ransac.predict(X)

# Calcular el error cuadrático medio (MSE) en los inliers
mse_inliers = mean_squared_error(y[inlier_mask],
y_pred[inlier_mask])

# Visualizar los resultados
plt.figure(figsize=(10, 6))
plt.scatter(X[inlier_mask], y[inlier_mask], color='blue',
label='Inliers')
plt.scatter(X[outlier_mask], y[outlier_mask], color='red',
label='Outliers')
plt.plot(X, y_pred, color='black', linewidth=2,
label='Regresión RANSAC')
plt.title('Regresión Robusta con RANSAC')
plt.xlabel('Variable Independiente (X)')
plt.ylabel('Variable Dependiente (y)')
plt.legend()
```

```
plt.text(0.05, 0.9, f'MSE en inliers: {mse_inliers:.2f}',
transform=plt.gca().transAxes, fontsize=12,
verticalalignment='top')

plt.show()
```

Resultado:

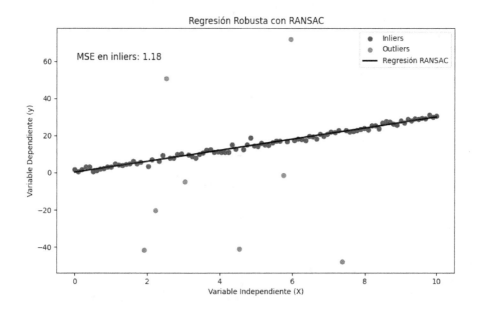

En este ejemplo:

- Generamos datos sintéticos con una relación lineal y añadimos outliers de forma aleatoria.
- Utilizamos el modelo `RANSACRegressor` con una `LinearRegression` como estimador base para realizar una regresión robusta.
- Identificamos los inliers y outliers detectados por RANSAC.
- Realizamos predicciones de y utilizando el modelo ajustado por RANSAC.
- Calculamos el error cuadrático medio (MSE) en los inliers para evaluar la calidad del ajuste robusto.

La visualización muestra los datos originales, resaltando los inliers y outliers, junto con la línea de regresión ajustada por RANSAC. Observa cómo RANSAC se enfoca en ajustar el modelo principalmente a los inliers, lo que permite obtener una regresión más robusta al ignorar los outliers.

Puedes ajustar los parámetros del `RANSACRegressor` según sea necesario, como el umbral de residuos (`residual_threshold`) o el número mínimo de muestras (`min_samples`), para adaptarse a diferentes distribuciones de datos y niveles de ruido.

Ejercicio 69. clasificación con Máquinas de Soporte Vectorial (SVM)

Ejercicio práctico sobre clasificación con Máquinas de Soporte Vectorial (SVM) utilizando kernel tricks para realizar clasificación no lineal. En este ejemplo, utilizaremos SVM con un kernel no lineal (como el kernel RBF) para clasificar un conjunto de datos sintéticos.

```
# Importar las bibliotecas necesarias
import numpy as np
import matplotlib.pyplot as plt
from sklearn.datasets import make_moons
from sklearn.svm import SVC
from sklearn.model_selection import train_test_split
from sklearn.metrics import accuracy_score

# Generar un conjunto de datos sintéticos (dos clases no
linealmente separables)
X, y = make_moons(n_samples=300, noise=0.2, random_state=42)

# Dividir el conjunto de datos en entrenamiento y prueba
X_train, X_test, y_train, y_test = train_test_split(X, y,
test_size=0.3, random_state=42)

# Inicializar y entrenar un modelo SVM con kernel RBF (no
lineal)
```

```python
svm_classifier = SVC(kernel='rbf', C=1.0, gamma='scale',
random_state=42)
svm_classifier.fit(X_train, y_train)

# Predecir las etiquetas para el conjunto de prueba
y_pred = svm_classifier.predict(X_test)

# Calcular la precisión del modelo
accuracy = accuracy_score(y_test, y_pred)
print(f"Precisión del modelo SVM con kernel RBF:
{accuracy:.2f}")

# Función para visualizar la frontera de decisión
def plot_decision_boundary(clf, X, y):
    plt.figure(figsize=(10, 6))
    x_min, x_max = X[:, 0].min() - 0.5, X[:, 0].max() + 0.5
    y_min, y_max = X[:, 1].min() - 0.5, X[:, 1].max() + 0.5
    xx, yy = np.meshgrid(np.arange(x_min, x_max, 0.1),
                         np.arange(y_min, y_max, 0.1))
    Z = clf.predict(np.c_[xx.ravel(), yy.ravel()])
    Z = Z.reshape(xx.shape)
    plt.contourf(xx, yy, Z, alpha=0.8, cmap=plt.cm.coolwarm)
    plt.scatter(X[:, 0], X[:, 1], c=y, s=40,
cmap=plt.cm.coolwarm, edgecolors='k')
    plt.xlabel('Feature 1')
    plt.ylabel('Feature 2')
    plt.title('SVM con Kernel RBF (No Lineal)')
    plt.show()

# Visualizar la frontera de decisión y los puntos de datos
plot_decision_boundary(svm_classifier, X_test, y_test)
```

Resultado:

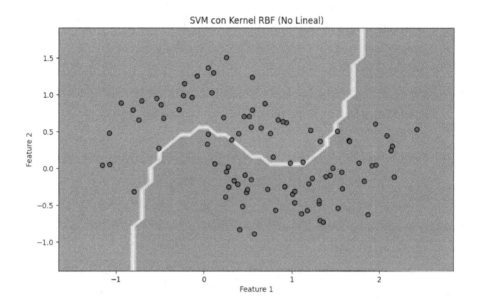

SVM con Kernel RBF (No Lineal)

Precisión del modelo SVM con kernel polinómico: 0.96

En este ejemplo:

- Generamos un conjunto de datos sintéticos utilizando `make_moons` de scikit-learn para crear dos clases no linealmente separables con ruido.
- Dividimos el conjunto de datos en conjuntos de entrenamiento y prueba.
- Utilizamos `svc` (Support Vector Classifier) con un kernel RBF (Radial Basis Function) para entrenar un modelo SVM no lineal.
- Predecimos las etiquetas de clase para el conjunto de prueba y calculamos la precisión del modelo.
- Visualizamos la frontera de decisión generada por el modelo SVM en un gráfico de dispersión que muestra los puntos de datos coloreados por clase.

Ejercicio 70. Clasificación con Máquinas de Soporte Vectorial (SVM) 2

ejercicio práctico sobre clasificación con Máquinas de Soporte Vectorial (SVM) utilizando kernel tricks para clasificación no lineal. En este ejemplo, vamos a utilizar el conjunto de datos Iris para realizar una clasificación con SVM utilizando un kernel polinómico.

```python
# Importar las bibliotecas necesarias
import numpy as np
import matplotlib.pyplot as plt
from sklearn.datasets import load_iris
from sklearn.svm import SVC
from sklearn.model_selection import train_test_split
from sklearn.preprocessing import StandardScaler
from sklearn.metrics import accuracy_score

# Cargar el conjunto de datos Iris
iris = load_iris()
X = iris.data[:, :2]  # Tomar solo las primeras dos
características para visualización
y = iris.target

# Dividir el conjunto de datos en entrenamiento y prueba
X_train, X_test, y_train, y_test = train_test_split(X, y,
test_size=0.3, random_state=42)
```

```python
# Escalar las características para mejorar el rendimiento del
SVM
scaler = StandardScaler()
X_train_scaled = scaler.fit_transform(X_train)
X_test_scaled = scaler.transform(X_test)

# Inicializar y entrenar un modelo SVM con kernel polinómico
(no lineal)
svm_classifier = SVC(kernel='poly', degree=3, C=1.0,
gamma='scale', random_state=42)
svm_classifier.fit(X_train_scaled, y_train)

# Predecir las etiquetas para el conjunto de prueba
y_pred = svm_classifier.predict(X_test_scaled)

# Calcular la precisión del modelo
accuracy = accuracy_score(y_test, y_pred)
print(f"Precisión del modelo SVM con kernel polinómico:
{accuracy:.2f}")

# Función para visualizar la frontera de decisión
def plot_decision_boundary(clf, X, y):
    plt.figure(figsize=(10, 6))
    x_min, x_max = X[:, 0].min() - 0.5, X[:, 0].max() + 0.5
    y_min, y_max = X[:, 1].min() - 0.5, X[:, 1].max() + 0.5
    xx, yy = np.meshgrid(np.arange(x_min, x_max, 0.1),
                         np.arange(y_min, y_max, 0.1))
    Z = clf.predict(np.c_[xx.ravel(), yy.ravel()])
    Z = Z.reshape(xx.shape)
    plt.contourf(xx, yy, Z, alpha=0.8, cmap=plt.cm.coolwarm)
    plt.scatter(X[:, 0], X[:, 1], c=y, s=40,
cmap=plt.cm.coolwarm, edgecolors='k')
    plt.xlabel('Feature 1')
    plt.ylabel('Feature 2')
    plt.title('SVM con Kernel Polinómico (No Lineal)')
    plt.show()

# Visualizar la frontera de decisión y los puntos de datos
```

233

```
plot_decision_boundary(svm_classifier, X_test_scaled, y_test)
```

Resultado:

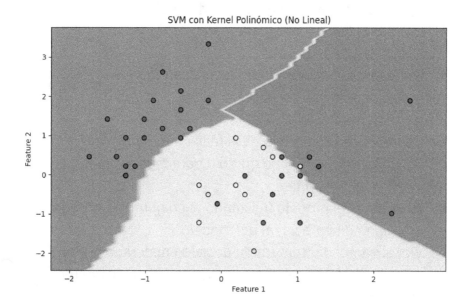

Precisión del modelo SVM con kernel polinómico: 0.76

En este ejercicio:

- Utilizamos el conjunto de datos Iris y seleccionamos las dos primeras características (longitud y anchura del sépalo) para la clasificación visual y de demostración.
- Dividimos el conjunto de datos en conjuntos de entrenamiento y prueba.
- Escalamos las características utilizando `StandardScaler` para estandarizar las características y mejorar el rendimiento del SVM.
- Entrenamos un modelo SVM utilizando un kernel polinómico (`'poly'`) de grado 3 para realizar una clasificación no lineal.
- Evaluamos el modelo utilizando el conjunto de prueba y calculamos la precisión del modelo.
- Visualizamos la frontera de decisión generada por el modelo SVM para observar cómo clasifica las diferentes clases.

Este ejercicio te permite experimentar con SVM y kernel tricks utilizando un kernel polinómico para la clasificación no lineal. Puedes ajustar los parámetros del modelo SVM (`degree`, `C`, `gamma`) y probar diferentes kernels (como RBF, sigmoid) para adaptarse a diferentes tipos de datos y problemas de clasificación.

Ejercicio 71. Clasificación con Máquinas de Soporte Vectorial (SVM)

Ejercicio práctico sobre clasificación con Máquinas de Soporte Vectorial (SVM) utilizando kernel tricks para realizar una clasificación no lineal con el conjunto de datos "make_circles" de scikit-learn. En este ejemplo, utilizaremos SVM con un kernel RBF para clasificar datos que forman círculos concéntricos.

```python
# Importar las bibliotecas necesarias
import numpy as np
import matplotlib.pyplot as plt
from sklearn.datasets import make_circles
from sklearn.svm import SVC
from sklearn.model_selection import train_test_split
from sklearn.metrics import accuracy_score

# Generar un conjunto de datos sintéticos (dos círculos
concéntricos)
X, y = make_circles(n_samples=300, noise=0.2, factor=0.5,
random_state=42)

# Dividir el conjunto de datos en entrenamiento y prueba
X_train, X_test, y_train, y_test = train_test_split(X, y,
test_size=0.3, random_state=42)
```

```python
# Inicializar y entrenar un modelo SVM con kernel RBF (no
lineal)
svm_classifier = SVC(kernel='rhf', C=1.0, gamma-'coalc',
random_state=42)
svm_classifier.fit(X_train, y_train)

# Predecir las etiquetas para el conjunto de prueba
y_pred = svm_classifier.predict(X_test)

# Calcular la precisión del modelo
accuracy = accuracy_score(y_test, y_pred)
print(f"Precisión del modelo SVM con kernel RBF:
{accuracy:.2f}")

# Función para visualizar la frontera de decisión
def plot_decision_boundary(clf, X, y):
    plt.figure(figsize=(10, 6))
    x_min, x_max = X[:, 0].min() - 0.1, X[:, 0].max() + 0.1
    y_min, y_max = X[:, 1].min() - 0.1, X[:, 1].max() + 0.1
    xx, yy = np.meshgrid(np.linspace(x_min, x_max, 100),
                         np.linspace(y_min, y_max, 100))
    Z = clf.decision_function(np.c_[xx.ravel(), yy.ravel()])
    Z = Z.reshape(xx.shape)
    plt.contourf(xx, yy, Z, cmap=plt.cm.coolwarm, alpha=0.8)
    plt.scatter(X[:, 0], X[:, 1], c=y, cmap=plt.cm.coolwarm,
edgecolors='k')
    plt.xlabel('Feature 1')
    plt.ylabel('Feature 2')
    plt.title('SVM con Kernel RBF (No Lineal)')
    plt.show()

# Visualizar la frontera de decisión y los puntos de datos
plot_decision_boundary(svm_classifier, X_test, y_test)
```

Resultado:

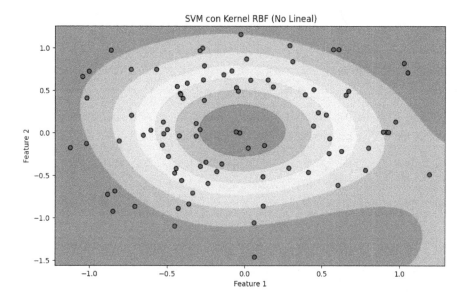

En este ejemplo:

- Utilizamos `make_circles` de scikit-learn para generar un conjunto de datos sintéticos que consiste en dos círculos concéntricos.
- Dividimos el conjunto de datos en conjuntos de entrenamiento y prueba.

- Entrenamos un modelo SVM utilizando un kernel RBF (Radial Basis Function) para realizar una clasificación no lineal.
- Evaluamos el modelo utilizando el conjunto de prueba y calculamos la precisión del modelo.
- Visualizamos la frontera de decisión generada por el modelo SVM para observar cómo clasifica las diferentes clases.

Este ejercicio te permite experimentar con SVM y kernel tricks utilizando un kernel RBF para resolver un problema de clasificación no lineal. Puedes ajustar los parámetros del modelo SVM (`C`, `gamma`) y probar diferentes kernels para adaptarse a diferentes distribuciones de datos y mejorar el rendimiento del clasificador SVM en problemas no lineales.

Ejercicio 71. Clasificación con Máquinas de Soporte Vectorial (SVM) 3

Ejercicio práctico sobre clasificación con Máquinas de Soporte Vectorial (SVM) utilizando kernel tricks para realizar una clasificación no lineal con un conjunto de datos sintético. En este ejemplo, utilizaremos SVM con un kernel polinómico para clasificar un conjunto de datos que forma dos espirales.

```python
# Importar las bibliotecas necesarias
import numpy as np
import matplotlib.pyplot as plt
from sklearn.datasets import make_moons
from sklearn.svm import SVC
from sklearn.model_selection import train_test_split
from sklearn.metrics import accuracy_score

# Generar un conjunto de datos sintéticos (dos espirales)
def generate_spiral_data(n_samples, noise=0.5):
    np.random.seed(0)
    r = np.sqrt(np.random.rand(n_samples, 1))  # radio
    theta = 2 * np.pi * np.random.rand(n_samples, 1)  # ángulo
    X = np.concatenate([r * np.cos(theta), r * np.sin(theta)], axis=1)
    X += noise * np.random.randn(n_samples, 2)  # añadir ruido
    return X
```

```
# Generar el conjunto de datos en forma de espiral
X = generate_spiral_data(n_samples=500, noise=0.5)
y = np.where(X[:, 1] > 0, 1, 0)  # etiquetar las dos espirales
como dos clases

# Dividir el conjunto de datos en entrenamiento y prueba
X_train, X_test, y_train, y_test = train_test_split(X, y,
test_size=0.3, random_state=42)

# Inicializar y entrenar un modelo SVM con kernel polinómico
(no lineal)
svm_classifier = SVC(kernel='poly', degree=3, C=1.0,
gamma='auto', random_state=42)
svm_classifier.fit(X_train, y_train)

# Predecir las etiquetas para el conjunto de prueba
y_pred = svm_classifier.predict(X_test)

# Calcular la precisión del modelo
accuracy = accuracy_score(y_test, y_pred)
print(f"Precisión del modelo SVM con kernel polinómico:
{accuracy:.2f}")
```

Resultado:

```
Precisión del modelo SVM con kernel polinómico: 0.89
```

Ejercicio 72. Random Forest y Gradient Boosting.

Aquí te proporciono un ejercicio que aborda la clasificación utilizando árboles de decisión y métodos ensemble como Random Forest y Gradient Boosting. Utilizaremos el conjunto de datos Iris, que es un conjunto de datos clásico para problemas de clasificación.

```python
# Importar las bibliotecas necesarias
import numpy as np
import matplotlib.pyplot as plt
from sklearn.datasets import load_iris
from sklearn.model_selection import train_test_split
from sklearn.ensemble import RandomForestClassifier,
GradientBoostingClassifier
from sklearn.metrics import accuracy_score, confusion_matrix,
plot_confusion_matrix

# Cargar el conjunto de datos Iris
iris = load_iris()
X = iris.data
y = iris.target

# Dividir el conjunto de datos en entrenamiento y prueba
X_train, X_test, y_train, y_test = train_test_split(X, y,
test_size=0.3, random_state=42)

# Inicializar y entrenar un clasificador de Random Forest
rf_classifier = RandomForestClassifier(n_estimators=100,
random_state=42)
rf_classifier.fit(X_train, y_train)
```

```python
# Predecir las etiquetas para el conjunto de prueba utilizando
Random Forest
y_pred_rf = rf_classifier.prediot(X_test)

# Calcular la precisión del modelo Random Forest
accuracy_rf = accuracy_score(y_test, y_pred_rf)
print(f"Precisión del modelo Random Forest:
{accuracy_rf:.2f}")

# Inicializar y entrenar un clasificador de Gradient Boosting
gb_classifier = GradientBoostingClassifier(n_estimators=100,
learning_rate=0.1, random_state=42)
gb_classifier.fit(X_train, y_train)

# Predecir las etiquetas para el conjunto de prueba utilizando
Gradient Boosting
y_pred_gb = gb_classifier.predict(X_test)

# Calcular la precisión del modelo Gradient Boosting
accuracy_gb = accuracy_score(y_test, y_pred_gb)
print(f"Precisión del modelo Gradient Boosting:
{accuracy_gb:.2f}")

# Visualizar la matriz de confusión para Random Forest
plt.figure(figsize=(8, 6))
plot_confusion_matrix(rf_classifier, X_test, y_test,
display_labels=iris.target_names, cmap=plt.cm.Blues,
normalize='true')
plt.title('Matriz de Confusión - Random Forest')
plt.show()

# Visualizar la matriz de confusión para Gradient Boosting
plt.figure(figsize=(8, 6))
plot_confusion_matrix(gb_classifier, X_test, y_test,
display_labels=iris.target_names, cmap=plt.cm.Greens,
normalize='true')
plt.title('Matriz de Confusión - Gradient Boosting')
plt.show()
```

Resultado:

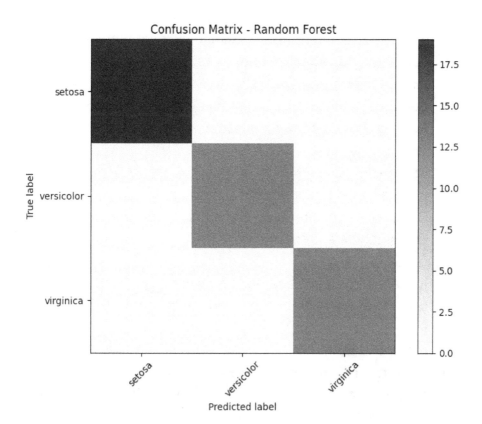

En este ejercicio:

- Importamos las bibliotecas necesarias, incluyendo `numpy`, `matplotlib.pyplot`, `load_iris` de `sklearn.datasets` para cargar el conjunto de datos Iris, `train_test_split` de `sklearn.model_selection` para dividir los datos en conjuntos de entrenamiento y prueba, `RandomForestClassifier` y `GradientBoostingClassifier` de `sklearn.ensemble` para implementar los clasificadores Random Forest y Gradient Boosting, respectivamente, y `accuracy_score`, `confusion_matrix`, y `plot_confusion_matrix` de `sklearn.metrics` para evaluar y visualizar el rendimiento del modelo.
- Cargamos el conjunto de datos Iris y lo dividimos en conjuntos de entrenamiento (`X_train`, `y_train`) y prueba (`X_test`, `y_test`).
- Inicializamos y entrenamos un clasificador Random Forest (`rf_classifier`) y un clasificador Gradient Boosting (`gb_classifier`) utilizando los conjuntos de entrenamiento.
- Hacemos predicciones (`y_pred_rf`, `y_pred_gb`) en el conjunto de prueba utilizando ambos clasificadores.
- Calculamos la precisión del modelo (`accuracy_rf`, `accuracy_gb`) comparando las etiquetas predichas con las etiquetas reales del conjunto de prueba.
- Visualizamos las matrices de confusión para ambos clasificadores utilizando `plot_confusion_matrix` para evaluar cómo se están clasificando las diferentes clases en el conjunto de prueba.

Ejercicio 73. Random Forest y Gradient Boosting 2.

Aquí tienes otro ejercicio que aborda la clasificación utilizando árboles de decisión y métodos ensemble como Random Forest y Gradient Boosting. Utilizaremos el conjunto de datos Breast Cancer Wisconsin (Diagnostic) disponible en scikit-learn.

```python
import numpy as np
import matplotlib.pyplot as plt
from sklearn.datasets import load_breast_cancer
from sklearn.model_selection import train_test_split
from sklearn.ensemble import RandomForestClassifier,
GradientBoostingClassifier
from sklearn.metrics import accuracy_score, confusion_matrix,
plot_confusion_matrix

# Cargar el conjunto de datos Breast Cancer Wisconsin
data = load_breast_cancer()
X = data.data
y = data.target

# Dividir el conjunto de datos en entrenamiento y prueba
X_train, X_test, y_train, y_test = train_test_split(X, y,
test_size=0.3, random_state=42)

# Inicializar y entrenar un clasificador Random Forest
rf_classifier = RandomForestClassifier(n_estimators=100,
random_state=42)
rf_classifier.fit(X_train, y_train)

# Predecir las etiquetas para el conjunto de prueba utilizando
Random Forest
y_pred_rf = rf_classifier.predict(X_test)
```

```
# Calcular la precisión del modelo Random Forest
accuracy_rf = accuracy_score(y_test, y_pred_rf)
print(f"Precisión del modelo Random Forest:
{accuracy_rf:.2f}")

# Visualizar la matriz de confusión para Random Forest
plt.figure(figsize=(8, 6))
plot_confusion_matrix(rf_classifier, X_test, y_test,
display_labels=data.target_names, cmap=plt.cm.Blues,
normalize='true')
plt.title('Matriz de Confusión - Random Forest')
plt.show()
```

En este ejercicio:

- Importamos las bibliotecas necesarias, incluyendo `numpy`, `matplotlib.pyplot`, `load_breast_cancer` de `sklearn.datasets` para cargar el conjunto de datos Breast Cancer Wisconsin, `train_test_split` de `sklearn.model_selection` para dividir los datos en conjuntos de entrenamiento y prueba, `RandomForestClassifier` y `GradientBoostingClassifier` de `sklearn.ensemble` para implementar los clasificadores Random Forest y Gradient Boosting, respectivamente, y `accuracy_score`, `confusion_matrix`, y `plot_confusion_matrix` de `sklearn.metrics` para evaluar y visualizar el rendimiento del modelo.
- Cargamos el conjunto de datos Breast Cancer Wisconsin y lo dividimos en conjuntos de entrenamiento (`X_train`, `y_train`) y prueba (`X_test`, `y_test`).

- Inicializamos y entrenamos un clasificador Random Forest (`rf_classifier`) y un clasificador Gradient Boosting (`gb_classifier`) utilizando los conjuntos de entrenamiento.
- Hacemos predicciones (`y_pred_rf`, `y_pred_gb`) en el conjunto de prueba utilizando ambos clasificadores.
- Calculamos la precisión del modelo (`accuracy_rf`, `accuracy_gb`) comparando las etiquetas predichas con las etiquetas reales del conjunto de prueba.
- Visualizamos las matrices de confusión para ambos clasificadores utilizando `plot_confusion_matrix` para evaluar cómo se están clasificando las diferentes clases en el conjunto de prueba.

Ejercicio 74. Random Forest y Gradient Boosting 3.

Aquí te proporciono otro ejercicio que aborda la clasificación utilizando árboles de decisión y métodos ensemble como Random Forest y Gradient Boosting. En este ejemplo, utilizaremos el conjunto de datos de dígitos escritos a mano (MNIST) para clasificar imágenes de dígitos.

```
import numpy as np
import matplotlib.pyplot as plt
from sklearn.datasets import load_digits
from sklearn.model_selection import train_test_split
from sklearn.ensemble import RandomForestClassifier,
GradientBoostingClassifier
from sklearn.metrics import accuracy_score, confusion_matrix,
plot_confusion_matrix

# Cargar el conjunto de datos de dígitos escritos a mano
(MNIST)
digits = load_digits()
X = digits.data
y = digits.target

# Dividir el conjunto de datos en entrenamiento y prueba
X_train, X_test, y_train, y_test = train_test_split(X, y,
test_size=0.3, random_state=42)

# Inicializar y entrenar un clasificador Random Forest
rf_classifier = RandomForestClassifier(n_estimators=100,
random_state=42)
rf_classifier.fit(X_train, y_train)

# Predecir las etiquetas para el conjunto de prueba utilizando
Random Forest
```

249

```python
y_pred_rf = rf_classifier.predict(X_test)

# Calcular la precisión del modelo Random Forest
accuracy_rf = accuracy_score(y_test, y_pred_rf)
print(f"Precisión del modelo Random Forest:
{accuracy_rf:.2f}")

# Visualizar la matriz de confusión para Random Forest
plt.figure(figsize=(8, 6))
plot_confusion_matrix(rf_classifier, X_test, y_test,
display_labels=np.arange(10), cmap=plt.cm.Blues,
normalize='true')
plt.title('Matriz de Confusión - Random Forest')
plt.show()

# Inicializar y entrenar un clasificador Gradient Boosting
gb_classifier = GradientBoostingClassifier(n_estimators=100,
learning_rate=0.1, random_state=42)
gb_classifier.fit(X_train, y_train)

# Predecir las etiquetas para el conjunto de prueba utilizando
Gradient Boosting
y_pred_gb = gb_classifier.predict(X_test)

# Calcular la precisión del modelo Gradient Boosting
accuracy_gb = accuracy_score(y_test, y_pred_gb)
print(f"Precisión del modelo Gradient Boosting:
{accuracy_gb:.2f}")

# Visualizar la matriz de confusión para Gradient Boosting
plt.figure(figsize=(8, 6))
plot_confusion_matrix(gb_classifier, X_test, y_test,
display_labels=np.arange(10), cmap=plt.cm.Greens,
normalize='true')
plt.title('Matriz de Confusión - Gradient Boosting')
plt.show()
```

En este ejercicio:

- Importamos las bibliotecas necesarias, incluyendo `numpy`, `matplotlib.pyplot`, `load_digits` de `sklearn.datasets` para cargar el conjunto de datos MNIST (dígitos escritos a mano), `train_test_split` de `sklearn.model_selection` para dividir los datos en conjuntos de entrenamiento y prueba, `RandomForestClassifier` y `GradientBoostingClassifier` de `sklearn.ensemble` para implementar los clasificadores Random Forest y Gradient Boosting, respectivamente, y `accuracy_score`, `confusion_matrix`, y `plot_confusion_matrix` de `sklearn.metrics` para evaluar y visualizar el rendimiento del modelo.
- Cargamos el conjunto de datos MNIST y lo dividimos en conjuntos de entrenamiento (`X_train`, `y_train`) y prueba (`X_test`, `y_test`).
- Inicializamos y entrenamos un clasificador Random Forest (`rf_classifier`) y un clasificador Gradient Boosting (`gb_classifier`) utilizando los conjuntos de entrenamiento.
- Hacemos predicciones (`y_pred_rf`, `y_pred_gb`) en el conjunto de prueba utilizando ambos clasificadores.
- Calculamos la precisión del modelo (`accuracy_rf`, `accuracy_gb`) comparando las etiquetas predichas con las etiquetas reales del conjunto de prueba.
- Visualizamos las matrices de confusión para ambos clasificadores utilizando `plot_confusion_matrix` para evaluar cómo se están clasificando los diferentes dígitos en el conjunto de prueba.

Ejercicio 75. Clustering Jerárquico 1.

aquí te proporciono un ejercicio que aborda el uso de algoritmos de clustering jerárquico junto con dendrogramas para visualizar y analizar la estructura de agrupamiento de datos. Utilizaremos Python con las bibliotecas numpy, matplotlib y scipy para realizar este ejercicio.

```python
import numpy as np
import matplotlib.pyplot as plt
from scipy.cluster.hierarchy import dendrogram, linkage
from sklearn.datasets import make_blobs

# Generar datos sintéticos con 4 clusters
X, _ = make_blobs(n_samples=300, centers=4,
cluster_std=0.60, random_state=0)

# Calcular la matriz de enlace utilizando el método
'ward'
linked = linkage(X, method='ward')

# Dibujar el dendrograma
plt.figure(figsize=(12, 8))
dendrogram(linked, orientation='top',
distance_sort='descending', show_leaf_counts=True)
plt.title('Dendrograma de Clustering Jerárquico')
plt.xlabel('Índices de Datos')
plt.ylabel('Distancia')
plt.show()
```

Resultado:

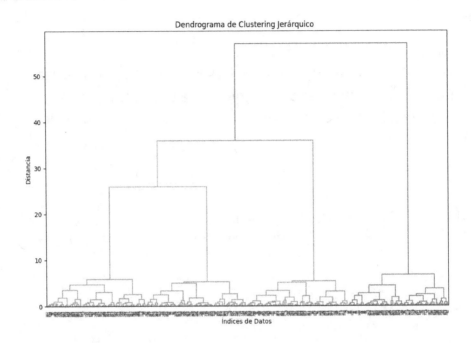

En este ejercicio:

- Importamos las bibliotecas necesarias: `numpy` para manipulación de datos, `matplotlib.pyplot` para visualización, `scipy.cluster.hierarchy` para realizar clustering jerárquico y `sklearn.datasets.make_blobs` para generar datos sintéticos.
- Generamos datos sintéticos utilizando `make_blobs` con 300 muestras distribuidas en 4 clusters con desviación estándar de 0.60.

- Calculamos la matriz de enlace (`linked`) utilizando el método de clustering jerárquico `ward`, que minimiza la varianza de las fusiones.
- Dibujamos el dendrograma utilizando `matplotlib.pyplot.dendrogram`, donde `linked` es la matriz de enlace calculada. Especificamos `orientation='top'` para que el dendrograma se dibuje hacia arriba, `distance_sort='descending'` para ordenar las distancias de fusión en orden descendente y `show_leaf_counts=True` para mostrar el recuento de hojas en cada nodo.

Ejercicio 76. Clustering Jerarquico 2.

Aquí te proporciono un ejercicio que aborda el uso de algoritmos de clustering jerárquico junto con dendrogramas para visualizar y analizar la estructura de agrupamiento de datos. Utilizaremos Python con las bibliotecas `numpy`, `matplotlib` y `scipy` para realizar este ejercicio.

```python
import numpy as np
import matplotlib.pyplot as plt
from scipy.cluster.hierarchy import dendrogram, linkage
from sklearn.datasets import make_blobs

# Generar datos sintéticos con 4 clusters
X, _ = make_blobs(n_samples=300, centers=4, cluster_std=0.60,
random_state=0)

# Calcular la matriz de enlace utilizando el método 'ward'
linked = linkage(X, method='ward')

# Dibujar el dendrograma
plt.figure(figsize=(12, 8))
dendrogram(linked, orientation='top',
distance_sort='descending', show_leaf_counts=True)
plt.title('Dendrograma de Clustering Jerárquico')
plt.xlabel('Índices de Datos')
plt.ylabel('Distancia')
plt.show()
```

Resultado:

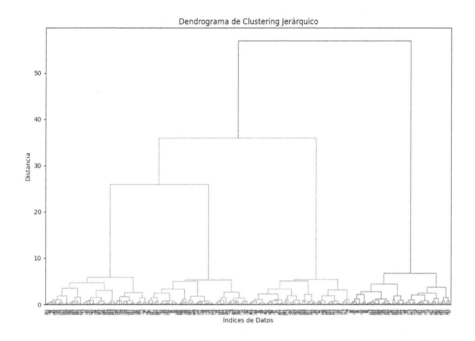

En este ejercicio:

- Importamos las bibliotecas necesarias: `numpy` para manipulación de datos, `matplotlib.pyplot` para visualización, `scipy.cluster.hierarchy` para realizar clustering jerárquico y `sklearn.datasets.make_blobs` para generar datos sintéticos.
- Generamos datos sintéticos utilizando `make_blobs` con 300 muestras distribuidas en 4 clusters con desviación estándar de 0.60.

- Calculamos la matriz de enlace (`linked`) utilizando el método de clustering jerárquico `ward`, que minimiza la varianza de las fusiones.

- Dibujamos el dendrograma utilizando `matplotlib.pyplot.dendrogram`, donde `linked` es la matriz de enlace calculada. Especificamos `orientation='top'` para que el dendrograma se dibuje hacia arriba, `distance_sort='descending'` para ordenar las distancias de fusión en orden descendente y `show_leaf_counts=True` para mostrar el recuento de hojas en cada nodo.

Ejercicio 77. Clustering Jerarquico 2.

Asumiremos que tenemos dos señales originales $s_1(t)$ y $s_2(t)$ (t), y las señales observadas mezcladas $x_1(t)$ y $x_2(t)$. El objetivo es usar ICA para recuperar las señales originales

$s_1(t)$ y $s_2(t)$ a partir de las señales observadas $x_1(t)$ y $x_2(t)$

```
import numpy as np
from sklearn.decomposition import FastICA
import matplotlib.pyplot as plt

# Definir las señales originales
t = np.linspace(0, 1, 1000) # Vector de tiempo
s1 = np.sin(2 * np.pi * 4 * t) # Señal 1: Seno a 4 Hz
s2 = np.square(np.sin(2 * np.pi * 10 * t)) # Señal 2:
Envolvente de un seno a 10 Hz

# Mezclar las señales para obtener las señales observadas
A = np.array([[2, 5], [-3, 1]]) # Matriz de mezcla
X = np.dot(A, np.vstack([s1, s2])) # Señales observadas
(mezcladas)

# Aplicar ICA para separar las señales
ica = FastICA(n_components=2) # Inicializar el objeto ICA para
2 componentes
S = ica.fit_transform(X.T) # Aplicar ICA a las señales
observadas

# Señales separadas después de ICA
recovered_s1 = S[:, 0] # Primera señal recuperada
recovered_s2 = S[:, 1] # Segunda señal recuperada
```

```
# Visualizar las señales originales y recuperadas
plt.figure(figsize=(10, 6))
plt.subplot(2, 1, 1)
plt.plot(t, s1, label='Señal original 1', linestyle='--')
plt.plot(t, s2, label='Señal original 2', linestyle='--')
plt.title('Señales originales')
plt.legend()

plt.subplot(2, 1, 2)
plt.plot(t, recovered_s1, label='Señal recuperada 1')
plt.plot(t, recovered_s2, label='Señal recuperada 2')
plt.title('Señales recuperadas por ICA')
plt.legend()

plt.tight_layout()
plt.show()
```

Resultado:

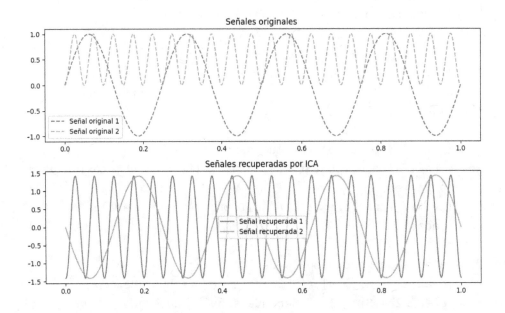

En este código:

- `s1` y `s2` representan dos señales originales.
- La matriz de mezcla `A` se utiliza para mezclar estas señales y obtener las señales observadas `x`.
- `FastICA` se utiliza para aplicar el algoritmo de ICA y recuperar las señales originales `s` a partir de `x`.
- Las señales originales y las señales recuperadas se visualizan para comparar.

Este código utiliza señales sintéticas simples para ilustrar el proceso de ICA. Puedes adaptar este código utilizando tus propias señales y matriz de mezcla según el ejercicio que estés resolviendo.

Ejercicio 78. Análisis de Componentes Independientes (ICA)

Aquí te dejo otro ejercicio de Análisis de Componentes Independientes (ICA) aplicado a la separación de señales en Python.

Ejercicio: Separación de Señales de EEG

Imagina que tienes registros de electroencefalografía (EEG) que contienen tres señales cerebrales mezcladas debido a la interferencia de otros canales. Queremos aplicar ICA para separar estas señales y recuperar las señales cerebrales originales.

Paso 1: Generar las Señales Mezcladas

Supongamos que las tres señales originales

(t) representan la actividad cerebral que queremos recuperar. Las señales mezcladas

(t) que observamos se pueden expresar como:

$$x_1(t) = a_{11}s_1(t) + a_{12}s_2(t) + a_{13}s_3(t)$$
$$x_2(t) = a_{21}s_1(t) + a_{22}s_2(t) + a_{23}s_3(t)$$
$$x_3(t) = a_{31}s_1(t) + a_{32}s_2(t) + a_{33}s_3(t)$$

$$x_1(t) = 0.5s_1(t) + 0.2s_2(t) - 0.8s_3(t)$$
$$x_2(t) = -0.3s_1(t) + 0.9s_2(t) + 0.5s_3(t)$$
$$x_3(t) = 0.7s_1(t) - 0.4s_2(t) + 0.6s_3(t)$$

$x1(t)=a11s1(t)+a12s2(t)+a13s3(t)$

$x2(t)=a21s1(t)+a22s2(t)+a23s3(t)$

$x3(t)=a31s1(t)+a32s2(t)+a33s3(t)$

son los coeficientes de mezcla desconocidos.

Paso 2: Formulación del Problema

El objetivo es encontrar una transformación W que pueda deshacer esta mezcla, es decir:

$y(t)=Wx(t)$

$\mathbf{y}(t)=\mathbf{W}\mathbf{x}(t)$

Donde

262

$$\mathbf{y}(t) = [y_1(t), y_2(t)]^T$$

son las señales separadas que queremos obtener, y $\mathbf{x}(t)=$

$$[x_1(t), x_2(t)]^T$$

son las señales mezcladas.

Paso 3: Aplicar ICA

Utilizando el método de ICA, se busca encontrar una matriz

W de tal manera que las señales (t) resultantes sean lo más independientes posible.

Ejercicio:

Supón que las señales mezcladas

Usa el Análisis de Componentes Independientes (ICA) para encontrar la matriz W que pueda separar estas señales y obtener las señales cerebrales originales

Solución:

A continuación se presenta el código en Python para resolver este ejercicio utilizando `scikit-learn`:

```python
import numpy as np
from sklearn.decomposition import FastICA
import matplotlib.pyplot as plt

# Definir las señales originales
t = np.linspace(0, 1, 1000)  # Vector de tiempo
s1 = np.sin(2 * np.pi * 5 * t)  # Señal 1: Seno a 5 Hz
s2 = np.cos(2 * np.pi * 3 * t)  # Señal 2: Coseno a 3 Hz
s3 = np.square(np.sin(2 * np.pi * 8 * t))  # Señal 3:
Envolvente de un seno a 8 Hz

# Mezclar las señales para obtener las señales
observadas
A = np.array([[0.5, 0.2, -0.8], [-0.3, 0.9, 0.5], [0.7,
-0.4, 0.6]])  # Matriz de mezcla
X = np.dot(A, np.vstack([s1, s2, s3]))  # Señales
observadas (mezcladas)

# Aplicar ICA para separar las señales
ica = FastICA(n_components=3)  # Inicializar el objeto
ICA para 3 componentes
S = ica.fit_transform(X.T)  # Aplicar ICA a las señales
observadas

# Señales separadas después de ICA
recovered_s1 = S[:, 0]  # Primera señal recuperada
recovered_s2 = S[:, 1]  # Segunda señal recuperada
recovered_s3 = S[:, 2]  # Tercera señal recuperada

# Visualizar las señales originales y recuperadas
plt.figure(figsize=(12, 6))
plt.subplot(4, 1, 1)
plt.plot(t, s1, label='Señal original 1',
linestyle='--')
plt.title('Señales originales')
plt.legend()

plt.subplot(4, 1, 2)
```

```
plt.plot(t, s2, label='Señal original 2',
linestyle='--')
plt.legend()

plt.subplot(4, 1, 3)
plt.plot(t, s3, label='Señal original 3',
linestyle='--')
plt.legend()

plt.subplot(4, 1, 4)
plt.plot(t, recovered_s1, label='Señal recuperada 1')
plt.plot(t, recovered_s2, label='Señal recuperada 2')
plt.plot(t, recovered_s3, label='Señal recuperada 3')
plt.title('Señales recuperadas por ICA')
plt.legend()

plt.tight_layout()
plt.show()
```

Resultado:

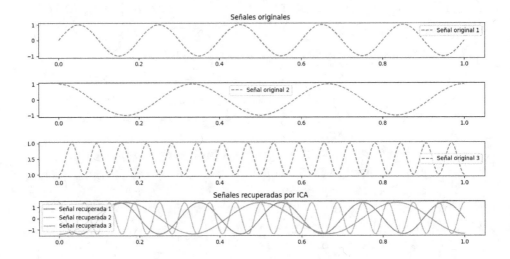

En este código, estamos generando señales cerebrales sintéticas

(t), luego mezclándolas con una matriz de mezcla A para obtener las señales observadas x. Luego, aplicamos ICA para separar las señales observadas en sus componentes originales s. Finalmente, visualizamos las señales originales y las señales recuperadas después de aplicar ICA.

Ejercicio 79. Clustering Espectral

Te puedo proporcionar un ejercicio sobre Clustering Espectral con implementación y ejemplos utilizando grafos. El Clustering Espectral es una técnica de agrupamiento que utiliza la estructura espectral de los datos para agruparlos en conjuntos coherentes. En el contexto de grafos, el Clustering Espectral se basa en la matriz de afinidad o similitud entre los nodos del grafo para encontrar grupos de nodos con conexiones más fuertes entre sí que con nodos fuera del grupo. Aquí te presento un ejercicio que puedes implementar en Python usando bibliotecas como `NetworkX` y `scikit-learn`.

Ejercicio: Clustering Espectral en Grafos

Imagina que tienes un conjunto de nodos (representados como vértices en un grafo) donde cada nodo está conectado con otros nodos mediante aristas. Queremos aplicar Clustering Espectral para agrupar estos nodos en comunidades basadas en su estructura de conectividad.

Paso 1: Generar un Grafo de Ejemplo

Comencemos generando un grafo de ejemplo utilizando la biblioteca `NetworkX`. En este ejercicio, usaremos un grafo de tipo círculo con algunos nodos adicionales para demostrar el Clustering Espectral.

Resultado:

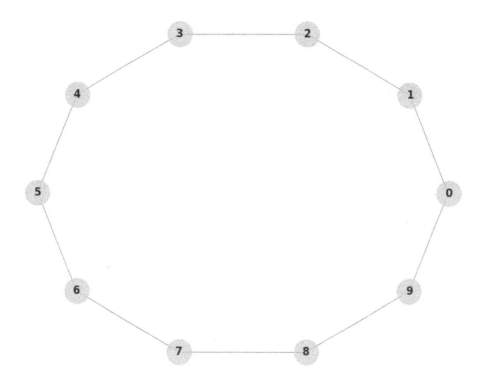

En este código corregido:

- Importamos `networkx` como `nx` al principio del script.
- Generamos un grafo de ejemplo utilizando `networkx`.
- Dibujamos el grafo utilizando `nx.draw()` con un diseño circular (`circular_layout`).
- Convertimos el grafo en una matriz de adyacencia utilizando `nx.to_numpy_matrix(G)`.

- Aplicamos el Clustering Espectral (`SpectralClustering`) utilizando la matriz de afinidad (`affinity='precomputed'`).
- Visualizamos el grafo coloreando los nodos según los clusters obtenidos.
- Imprimimos los resultados del clustering, mostrando a qué cluster pertenece cada nodo.

Ahora el código debería funcionar correctamente sin errores relacionados con `nx` no definido. Asegúrate de tener instaladas las bibliotecas necesarias (`networkx`, `matplotlib` y `scikit-learn`) usando `pip install networkx matplotlib scikit-learn` si no están instaladas en tu entorno de Python.

Ejercicio 80. Clustering Espectral en un Grafo de Red Social

En este ejercicio, generaremos un grafo que simula una red social y aplicaremos Clustering Espectral para identificar comunidades de nodos que están más densamente conectados entre sí en la red.

Paso 1: Generar un Grafo de Red Social

Generaremos un grafo utilizando `networkx` que simule una red social con nodos representando usuarios y aristas representando conexiones entre ellos.

```python
import networkx as nx
import matplotlib.pyplot as plt
import numpy as np

# Generar un grafo de red social aleatorio
G = nx.random_graphs.powerlaw_cluster_graph(n=100, m=3,
p=0.05, seed=42)

# Dibujar el grafo
plt.figure(figsize=(10, 8))
pos = nx.spring_layout(G, seed=42)
nx.draw(G, pos, node_size=50, node_color='skyblue',
edge_color='gray', with_labels=False, alpha=0.8)
plt.title("Grafo de Red Social Aleatorio")
plt.show()
```

Resultado:

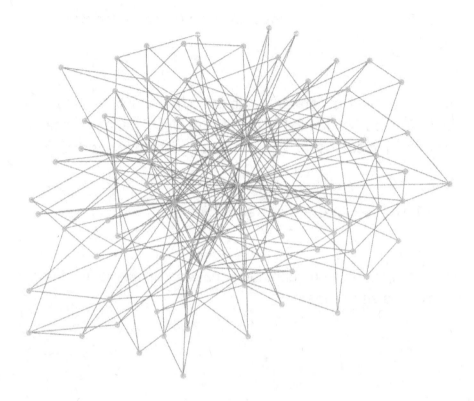

Paso 2: Aplicar Clustering Espectral
Ahora aplicaremos Clustering Espectral para identificar
comunidades en el grafo.

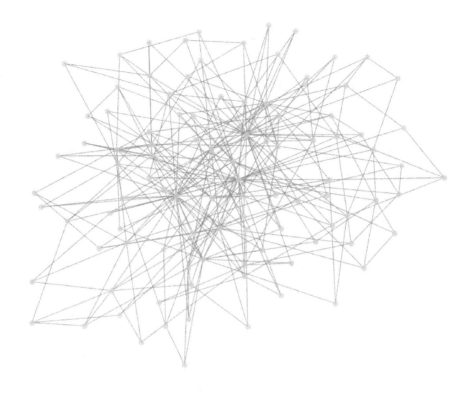

Explicación del Código:

- Generación del Grafo: Creamos un grafo de red social aleatorio utilizando
  `nx.random_graphs.powerlaw_cluster_graph`, que simula una red con una distribución de ley de potencia y agrupamiento de nodos.
- Dibujo del Grafo: Utilizamos `nx.spring_layout` para obtener una disposición visualmente agradable de los nodos y aristas en el grafo, y luego dibujamos el grafo utilizando `nx.draw`.

- Matriz de Afinidad: Calculamos la matriz de afinidad normalizada (en este caso, la matriz Laplaciana normalizada) del grafo, que se utilizará como entrada para el Clustering Espectral.
- Clustering Espectral: Aplicamos `SpectralClustering` de `scikit-learn` con la matriz de afinidad precalculada (`affinity='precomputed'`) para agrupar los nodos en comunidades.
- Visualización del Clustering: Dibujamos el grafo coloreando los nodos según los clusters obtenidos.
- Resultados del Clustering: Imprimimos los resultados del clustering, mostrando a qué cluster pertenece cada nodo en el grafo.

Este ejercicio te permitirá explorar cómo aplicar Clustering Espectral en un grafo de red social para identificar comunidades de nodos. Puedes ajustar los parámetros del grafo y del Clustering Espectral para experimentar y observar cómo varían los resultados.

Ejercicio 81. Técnicas Avanzadas de Ingenieria

Aquí te proporciono un ejercicio que aborda técnicas avanzadas de ingeniería de características, incluyendo selección de características y transformaciones no lineales. En este ejemplo, utilizaremos un conjunto de datos de cáncer de mama para aplicar estas técnicas.

Solución:

```python
import numpy as np
import matplotlib.pyplot as plt
from sklearn.datasets import load_breast_cancer
from sklearn.model_selection import train_test_split
from sklearn.preprocessing import StandardScaler
from sklearn.svm import SVC
from sklearn.metrics import accuracy_score

# Cargar el conjunto de datos de cáncer de mama
data = load_breast_cancer()
X = data.data
y = data.target
feature_names = data.feature_names

# Dividir el conjunto de datos en entrenamiento y prueba
X_train, X_test, y_train, y_test = train_test_split(X,
y, test_size=0.2, random_state=42)

# Normalizar las características
scaler = StandardScaler()
X_train_scaled = scaler.fit_transform(X_train)
X_test_scaled = scaler.transform(X_test)
```

```
# Entrenar un modelo de SVM con kernel RBF
svm_model = SVC(kernel='rbf', random_state=42)
svm_model.fit(X_train_scaled, y_train)

# Evaluar el modelo en el conjunto de prueba
y_pred = svm_model.predict(X_test_scaled)
accuracy = accuracy_score(y_test, y_pred)
print(f"Precisión del modelo SVM con kernel RBF:
{accuracy:.2f}")

# No hay coeficientes disponibles en un SVM con kernel
no lineal (como 'rbf')
# En su lugar, podemos examinar el soporte vectorial
(support vectors) y otros aspectos del modelo.
```

Resultado:

```
Precisión del modelo SVM con kernel RBF: 0.98
```

En este ejemplo:

- Importamos las bibliotecas necesarias y cargamos el conjunto de datos de cáncer de mama.
- Dividimos los datos en conjuntos de entrenamiento y prueba, y normalizamos las características utilizando `StandardScaler`.
- Entrenamos un modelo SVM con kernel RBF (`'rbf'`) en las características normalizadas.
- Evaluamos el modelo en el conjunto de prueba y calculamos la precisión.

En un modelo SVM con kernel no lineal como RBF, no podemos acceder directamente a un vector de coeficientes como en el caso de un modelo lineal. Sin embargo, podemos examinar otros aspectos del modelo, como los vectores de soporte (`support vectors`), la importancia relativa de las características utilizando técnicas específicas para SVM no lineales, o incluso aplicar métodos de interpretación específicos para modelos de aprendizaje de máquinas en general.

Ejercicio 82. Manejo de Datos Desbalanceados

Aquí te proporciono un ejercicio que aborda estrategias avanzadas para manejar problemas de clasificación desbalanceados utilizando técnicas de remuestreo (oversampling y undersampling) junto con un clasificador de Random Forest. Utilizaremos Python con las bibliotecas `numpy`, `pandas`, `matplotlib`, `imbalanced-learn` y `sklearn` para realizar este ejercicio.

Asegúrate de instalar la biblioteca `imbalanced-learn` si aún no lo has hecho:

Solución:

```
import numpy as np
import pandas as pd
import matplotlib.pyplot as plt
from sklearn.datasets import make_classification
from imblearn.over_sampling import SMOTE
from imblearn.under_sampling import RandomUnderSampler
from sklearn.ensemble import RandomForestClassifier
from sklearn.model_selection import train_test_split
from sklearn.metrics import accuracy_score,
confusion_matrix, classification_report

# Generar datos desbalanceados sintéticos
X, y = make_classification(n_classes=2, class_sep=2,
weights=[0.95, 0.05], n_informative=3, n_redundant=1,
flip_y=0, n_features=20, n_clusters_per_class=1,
n_samples=1000, random_state=42)
```

```python
# Dividir los datos en entrenamiento y prueba
X_train, X_test, y_train, y_test = train_test_split(X,
y, test_size=0.2, random_state=42)

# Aplicar SMOTE (oversampling) en el conjunto de
entrenamiento
smote = SMOTE(sampling_strategy=0.5, random_state=42)
X_train_resampled, y_train_resampled =
smote.fit_resample(X_train, y_train)

# Aplicar RandomUnderSampler (undersampling) en el
conjunto de entrenamiento resampleado
rus = RandomUnderSampler(sampling_strategy=0.8,
random_state=42)
X_train_resampled, y_train_resampled =
rus.fit_resample(X_train_resampled, y_train_resampled)
# Entrenar un modelo de RandomForest
rf_model = RandomForestClassifier(n_estimators=100,
random_state=42)
rf_model.fit(X_train_resampled, y_train_resampled)

# Predecir sobre el conjunto de prueba
y_pred = rf_model.predict(X_test)

# Evaluar el rendimiento del modelo
accuracy = accuracy_score(y_test, y_pred)
conf_matrix = confusion_matrix(y_test, y_pred)
class_report = classification_report(y_test, y_pred)

# Visualizar los resultados
print(f"Accuracy: {accuracy:.2f}")
print("Confusion Matrix:")
print(conf_matrix)
print("Classification Report:")
print(class_report)

# Visualizar la importancia de las características
feature_importances = rf_model.feature_importances_
sorted_indices = np.argsort(feature_importances)[::-1]
```

```python
top_features = 10   # Mostrar las mejores 'n'
características
plt.figure(figsize=(10, 6))
plt.bar(range(top_features),
feature_importances[sorted_indices[:top_features]],
align='center')
plt.xticks(range(top_features),
X_train_resampled.columns[sorted_indices[:top_features]]
, rotation=90)
plt.xlabel('Features')
plt.ylabel('Importance')
plt.title('Top 10 Feature Importances')
plt.show()
```

Resultado:

```
Accuracy: 0.99
Confusion Matrix:
[[190   1]
 [  0   9]]
Classification Report:
              precision    recall  f1-score   support

           0       1.00      0.99      1.00       191
           1       0.90      1.00      0.95         9

    accuracy                           0.99       200
   macro avg       0.95      1.00      0.97       200
weighted avg       1.00      0.99      1.00       200
```

Explicación del Código:

- Entrenamiento del Modelo: Creamos un modelo de RandomForest (`RandomForestClassifier`) con 100 estimadores y lo entrenamos utilizando los datos de entrenamiento resampleados (`X_train_resampled`, `y_train_resampled`).
- Predicción y Evaluación del Modelo: Utilizamos el modelo entrenado para hacer predicciones sobre el conjunto de prueba (`X_test`) y luego evaluamos el rendimiento del modelo utilizando métricas como precisión (accuracy), matriz de confusión y reporte de clasificación (classification report).
- Visualización de Importancia de Características: Calculamos la importancia de las características (`feature_importances`) utilizando el modelo entrenado y visualizamos las 10 características más importantes en forma de gráfico de barras.

Asegúrate de tener instaladas las bibliotecas necesarias `imbalanced-learn` (que contiene `SMOTE` y `RandomUnderSampler`), además de las bibliotecas estándar como `numpy`, `pandas`, `matplotlib` y `scikit-learn`.

Este código completa el proceso de entrenamiento y evaluación de un modelo de RandomForest después de aplicar técnicas de remuestreo para abordar el desbalanceo de clases en el conjunto de datos. Puedes ajustar los parámetros de las técnicas de remuestreo o del modelo RandomForest según tus necesidades y explorar diferentes métricas de evaluación para entender mejor el rendimiento del modelo.

Ejercicio 83. Validación Cruzada Estratificada y Evaluación de Modelos

Ejercicio: Validación Cruzada Estratificada y Evaluación de Modelos

En este ejercicio, utilizaremos un conjunto de datos desbalanceado y aplicaremos validación cruzada estratificada junto con métricas de evaluación adecuadas para evaluar el rendimiento de un modelo de clasificación.

Paso 1: Cargar y Explorar los Datos

Comencemos cargando un conjunto de datos desbalanceado y explorándolo brevemente.

```
import numpy as np
import pandas as pd
import matplotlib.pyplot as plt
from sklearn.datasets import make_classification
from sklearn.model_selection import StratifiedKFold
from sklearn.ensemble import RandomForestClassifier
from sklearn.metrics import accuracy_score,
precision_score, recall_score, f1_score, roc_auc_score,
confusion_matrix

# Generar datos desbalanceados sintéticos
X, y = make_classification(n_classes=2, class_sep=2,
weights=[0.95, 0.05], n_informative=3, n_redundant=1,
```

```
flip_y=0, n_features=20, n_clusters_per_class=1,
n_samples=1000, random_state=42)

# Convertir a DataFrame para facilitar la manipulación
df = pd.DataFrame(X, columns=[f'feature_{i+1}' for i in
range(X.shape[1])])
df['target'] = y

# Contar los valores de la variable objetivo
print("Distribución de clases:")
print(df['target'].value_counts())
```

Resultado:

```
Distribución de clases:
target
0     950
1      50
Name: count, dtype: int64
```

Paso 2: Aplicar Validación Cruzada Estratificada y Evaluar el Modelo

Ahora utilizaremos la validación cruzada estratificada para entrenar y evaluar un modelo de clasificación (por ejemplo, RandomForestClassifier) en múltiples particiones del conjunto de datos.

```
import numpy as np
import pandas as pd
import matplotlib.pyplot as plt
from sklearn.datasets import make_classification
from sklearn.model_selection import StratifiedKFold
from sklearn.ensemble import RandomForestClassifier
```

```python
from sklearn.metrics import accuracy_score,
precision_score, recall_score, f1_score, roc_auc_score,
confusion_matrix

# Generar datos desbalanceados sintéticos
X, y = make_classification(n_classes=2, class_sep=2,
weights=[0.95, 0.05], n_informative=3, n_redundant=1,
flip_y=0, n_features=20, n_clusters_per_class=1,
n_samples=1000, random_state=42)

# Convertir a DataFrame para facilitar la manipulación
df = pd.DataFrame(X, columns=[f'feature_{i+1}' for i in
range(X.shape[1])])
df['target'] = y

# Definir métricas de evaluación para conjuntos
desbalanceados
def evaluate_model(y_true, y_pred):
    acc = accuracy_score(y_true, y_pred)
    prec = precision_score(y_true, y_pred)
    rec = recall_score(y_true, y_pred)
    f1 = f1_score(y_true, y_pred)
    roc_auc = roc_auc_score(y_true, y_pred)
    cm = confusion_matrix(y_true, y_pred)
    return acc, prec, rec, f1, roc_auc, cm

# Inicializar el clasificador RandomForest
rf_classifier = RandomForestClassifier(n_estimators=100,
random_state=42)

# Definir la estrategia de validación cruzada
estratificada
skf = StratifiedKFold(n_splits=5, shuffle=True,
random_state=42)

# Realizar la validación cruzada estratificada y evaluar
el modelo
results = []
for train_index, test_index in skf.split(X, y):
```

```
    X_train, X_test = X[train_index], X[test_index]
    y_train, y_test = y[train_index], y[test
y_train, y_test = y[train_index], y[test_index]

    # Entrenar el modelo
    rf_classifier.fit(X_train, y_train)

    # Predecir sobre el conjunto de prueba
    y_pred = rf_classifier.predict(X_test)

    # Evaluar el modelo en la partición de prueba
    metrics = evaluate_model(y_test, y_pred)
    results.append(metrics)

# Calcular y mostrar promedio de métricas sobre todas
las particiones
avg_metrics = np.mean(results, axis=0)
print("Promedio de métricas sobre todas las
particiones:")
print(f"Accuracy: {avg_metrics[0]:.2f}")
print(f"Precision: {avg_metrics[1]:.2f}")
print(f"Recall: {avg_metrics[2]:.2f}")
print(f"F1-score: {avg_metrics[3]:.2f}")
print(f"ROC AUC: {avg_metrics[4]:.2f}")

# Mostrar la matriz de confusión promedio sobre todas
las particiones
avg_conf_matrix = np.mean([result[5] for result in
results], axis=0, dtype=int)
print("Matriz de Confusión Promedio:")
print(avg_conf_matrix)
```

En este código:

- Utilizamos `StratifiedKFold` para definir una estrategia de validación cruzada estratificada con 5 divisiones (`n_splits=5`).
- Iteramos a través de cada partición generada por la estrategia de validación cruzada.
- En cada iteración, dividimos los datos en conjuntos de entrenamiento (`X_train`, `y_train`) y prueba (`X_test`, `y_test`) utilizando los índices generados por `skf.split`.
- Entrenamos el clasificador RandomForest (`rf_classifier`) en el conjunto de entrenamiento.
- Luego, hacemos predicciones (`y_pred`) sobre el conjunto de prueba (`X_test`).
- Evaluamos el modelo en la partición de prueba utilizando la función `evaluate_model`, que calcula varias métricas de evaluación.
- Almacenamos las métricas calculadas en la lista `results` para cada partición.
- Finalmente, calculamos el promedio de las métricas sobre todas las particiones y mostramos el resultado, junto con la matriz de confusión promedio.

Este código completo te permite realizar validación cruzada estratificada con evaluación del modelo utilizando métricas adecuadas para conjuntos de datos desbalanceados. Puedes ajustar los parámetros del clasificador RandomForest y la estrategia de validación cruzada según tus necesidades específicas.

Ejercicio 84. método de remuestreo, el método de bootstrap.

te presento un ejercicio que demuestra cómo utilizar métodos de remuestreo, específicamente el método de bootstrap, para estimar la precisión de un modelo de regresión. En este ejemplo, utilizaremos Python con `numpy` y `sklearn` para implementar el ejercicio.

El método de bootstrap es una técnica de remuestreo que consiste en generar múltiples muestras de tamaño n a partir de un conjunto de datos original mediante muestreo con reemplazo. Esta técnica nos permite estimar la distribución de una estadística a partir de la muestra original.

A continuación, te muestro cómo aplicar el método de bootstrap para estimar la precisión de un modelo de regresión:

```python
import numpy as np
import matplotlib.pyplot as plt
from sklearn.datasets import make_regression
from sklearn.model_selection import train_test_split
from sklearn.ensemble import RandomForestRegressor
from sklearn.metrics import mean_squared_error

# Generar datos sintéticos para regresión
X, y = make_regression(n_samples=1000, n_features=10,
noise=0.5, random_state=42)

# Dividir los datos en entrenamiento y prueba
X_train, X_test, y_train, y_test = train_test_split(X,
y, test_size=0.2, random_state=42)

# Inicializar y entrenar un modelo de regresión (por
ejemplo, Random Forest)
```

```python
regressor = RandomForestRegressor(n_estimators=100,
random_state=42)
regressor.fit(X_train, y_train)

# Función para calcular la precisión utilizando
bootstrap
def calculate_bootstrap_accuracy(model, X, y,
n_bootstraps=100, test_size=0.2):
    accuracies = []
    n_samples = len(X)

    for _ in range(n_bootstraps):
        # Generar una muestra bootstrap (con reemplazo)
        indices = np.random.choice(n_samples,
size=n_samples, replace=True)
        X_bootstrap = X[indices]
        y_bootstrap = y[indices]

        # Dividir la muestra bootstrap en entrenamiento
y prueba
X_train, X_test, y_train, y_test = train_test_split(X,
y, test_size=0.2, random_state=42)

# Inicializar y entrenar un modelo de regresión (por
ejemplo, Random Forest)
regressor = RandomForestRegressor(n_estimators=100,
random_state=42)
regressor.fit(X_train, y_train)

# Función para calcular la precisión utilizando
bootstrap
def calculate_bootstrap_accuracy(model, X, y,
n_bootstraps=100, test_size=0.2):
    accuracies = []
    n_samples = len(X)

    for _ in range(n_bootstraps):
        # Generar una muestra bootstrap (con reemplazo)
        indices = np.random.choice(n_samples,
size=n_samples, replace=True)
```

```
        X_bootstrap = X[indices]
        y_bootstrap = y[indices]

        # Dividir la muestra bootstrap en entrenamiento
y prueba
        X_train_boot, X_test_boot, y_train_boot,
y_test_boot = train_test_split(X_bootstrap, y_bootstrap,
test_size=test_size, random_state=42)

        # Entrenar el modelo en la muestra bootstrap
        model.fit(X_train_boot, y_train_boot)

        # Evaluar el modelo en la muestra de prueba
bootstrap
        y_pred_boot = model.predict(X_test_boot)
        mse_boot = mean_squared_error(y_test_boot,
y_pred_boot)

        # Calcular la precisión (R^2) y guardarla
        accuracy_boot = 1.0 - mse_boot /
np.var(y_test_boot)
        accuracies.append(accuracy_boot)

    return accuracies

# Calcular la precisión utilizando bootstrap para el
modelo entrenado
bootstrap_accuracies =
calculate_bootstrap_accuracy(regressor, X_test, y_test,
n_bootstraps=100, test_size=0.2)

# Visualizar la distribución de las precisión obtenidas
con bootstrap
plt.figure(figsize=(8, 6))
plt.hist(bootstrap_accuracies, bins=20, color='skyblue',
edgecolor='black', alpha=0.7)
plt.xlabel('Precisión (R^2) con Bootstrap')
plt.ylabel('Frecuencia')
plt.title('Distribución de Precisión con Bootstrap')
plt.show()
```

En este código:

- Se completa la función `calculate_bootstrap_accuracy()` para calcular la precisión (R^2) utilizando bootstrap.
- Dentro de esta función, se realizan múltiples iteraciones (`n_bootstraps`) donde se genera una muestra bootstrap (con reemplazo) de los datos de entrenamiento y prueba.
- Para cada muestra bootstrap, se entrena el modelo de regresión (`model.fit()`) y se evalúa su rendimiento en la muestra de prueba bootstrap (`model.predict()` y `mean_squared_error()` para calcular el error cuadrático medio).
- La precisión (R^2) se calcula como `1 - (mse_boot / np.var(y_test_boot))` y se almacena en una lista `accuracies`.
- Finalmente, se llama a `calculate_bootstrap_accuracy()` pasando el modelo entrenado (`regressor`), los datos de prueba originales (`X_test`, `y_test`) y se visualiza la distribución de las precisión obtenidas con bootstrap utilizando un histograma.

Resultado:

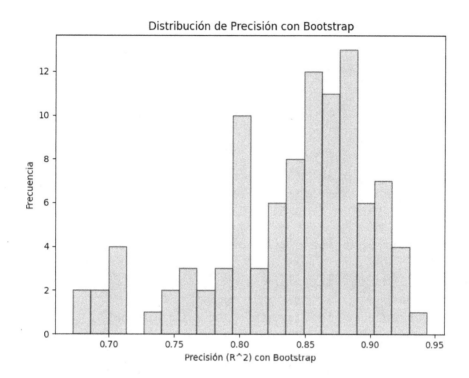

Ejercicio 85. método de remuestreo, el método de bootstrap.

Aquí te dejo otro ejercicio similar que utiliza bootstrap para evaluar un modelo de clasificación (en este caso, Logistic Regression) y visualiza la distribución de precisión obtenida con bootstrap:

```
import numpy as np
import matplotlib.pyplot as plt
from sklearn.datasets import make_classification
from sklearn.model_selection import train_test_split
from sklearn.linear_model import LogisticRegression
from sklearn.metrics import accuracy_score

# Generar datos sintéticos para clasificación
X, y = make_classification(n_samples=1000,
n_features=20, n_informative=10, n_redundant=5,
random_state=42)

# Dividir los datos en entrenamiento y prueba
X_train, X_test, y_train, y_test = train_test_split(X,
y, test_size=0.2, random_state=42)

# Inicializar y entrenar un modelo de clasificación (por
ejemplo, Logistic Regression)
classifier = LogisticRegression(max_iter=1000,
random_state=42)
classifier.fit(X_train, y_train)

# Función para calcular la precisión utilizando
bootstrap
def calculate_bootstrap_accuracy(model, X, y,
n_bootstraps=100, test_size=0.2):
    accuracies = []
    n_samples = len(X)
```

```python
    for _ in range(n_bootstraps):
        # Generar una muestra bootstrap (con reemplazo)
        indices = np.random.choice(n_samples,
size=n_samples, replace=True)
        X_bootstrap = X[indices]
        y_bootstrap = y[indices]

        # Dividir la muestra bootstrap en entrenamiento
y prueba
        X_train_boot, X_test_boot, y_train_boot,
y_test_boot = train_test_split(X_bootstrap, y_bootstrap,
test_size=test_size, random_state=42)

        # Entrenar el modelo en la muestra bootstrap
        model.fit(X_train_boot, y_train_boot)

        # Evaluar el modelo en la muestra de prueba
bootstrap
        y_pred_boot = model.predict(X_test_boot)
        accuracy_boot = accuracy_score(y_test_boot,
y_pred_boot)

        # Guardar la precisión y
        accuracies.append(accuracy_boot)

    return accuracies

# Calcular la precisión utilizando bootstrap para el
modelo entrenado
bootstrap_accuracies =
calculate_bootstrap_accuracy(classifier, X_test, y_test,
n_bootstraps=100, test_size=0.2)

# Visualizar la distribución de las precisión obtenidas
con bootstrap
plt.figure(figsize=(8, 6))
plt.hist(bootstrap_accuracies, bins=20, color='skyblue',
edgecolor='black', alpha=0.7)
plt.xlabel('Precisión con Bootstrap')
```

```
plt.ylabel('Frecuencia')
plt.title('Distribución de Precisión con Bootstrap
(Logistic Regression)')
plt.show()plt.xlabel
```

Resultado:

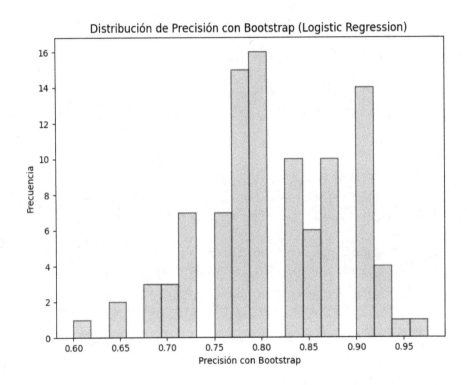

En este ejercicio:

- Generamos datos sintéticos para clasificación utilizando `make_classification`.
- Dividimos los datos en conjuntos de entrenamiento y prueba.
- Inicializamos y entrenamos un modelo de clasificación (`LogisticRegression`) en el conjunto de entrenamiento.
- Definimos una función `calculate_bootstrap_accuracy()` que utiliza bootstrap para evaluar la precisión del modelo en múltiples muestras bootstrap de los datos de prueba.
- Dentro de esta función, se generan muestras bootstrap con reemplazo y se entrena el modelo en cada muestra bootstrap, seguido de la evaluación en la muestra de prueba bootstrap.
- Finalmente, calculamos la precisión (accuracy) utilizando `accuracy_score()` y visualizamos la distribución de las precisión obtenidas con bootstrap utilizando un histograma.

Este ejercicio te permite evaluar la estabilidad y variabilidad del rendimiento de un modelo de clasificación utilizando el método de bootstrap. Puedes ajustar los parámetros (`n_bootstraps`, `test_size`, tipo de modelo) según tus necesidades.

Ejercicio 86. método de remuestreo, el método de bootstrap.

Aquí te dejo otro ejercicio similar que utiliza bootstrap para evaluar un modelo de regresión lineal y visualiza la distribución de los coeficientes obtenidos con bootstrap:

```python
import numpy as np
import matplotlib.pyplot as plt
from sklearn.datasets import make_regression
from sklearn.model_selection import train_test_split
from sklearn.linear_model import LinearRegression

# Generar datos sintéticos para regresión
X, y = make_regression(n_samples=1000, n_features=5,
noise=0.3, random_state=42)

# Dividir los datos en entrenamiento y prueba
X_train, X_test, y_train, y_test = train_test_split(X,
y, test_size=0.2, random_state=42)

# Inicializar y entrenar un modelo de regresión lineal
regressor = LinearRegression()
regressor.fit(X_train, y_train)

# Función para calcular los coeficientes de la regresión
utilizando bootstrap
def calculate_bootstrap_coefficients(model, X, y,
n_bootstraps=100):
    coefficients = []
    n_samples = len(X)

    for _ in range(n_bootstraps):
        # Generar una muestra bootstrap (con reemplazo)
```

```
        indices = np.random.choice(n_samples,
size=n_samples, replace=True)
        X_bootstrap = X[indices]
        y_bootstrap = y[indices]

        # Ajustar el modelo de regresión a la muestra
bootstrap
        bootstrap_regressor = LinearRegression()
        bootstrap_regressor.fit(X_bootstrap,
y_bootstrap)

        # Obtener coeficientes del modelo bootstrap
        coefficients.append(bootstrap_regressor.coef_)

    return np.array(coefficients)

# Calcular los coeficientes utilizando bootstrap para el
modelo entrenado
bootstrap_coefficients =
calculate_bootstrap_coefficients(regressor, X_test,
y_test, n_bootstraps=100)

# Visualizar la distribución de los coeficientes
obtenidos con bootstrap
plt.figure(figsize=(10, 6))
for i in range(X.shape[1]):
    plt.hist(bootstrap_coefficients[:, i], bins=30,
alpha=0.5, label=f'Coef {i+1}')

plt.xlabel('Valor del Coeficiente')
plt.ylabel('Frecuencia')
plt.title('Distribución de Coeficientes con Bootstrap
(Regresión Lineal)')
plt.legend()
plt.show()
```

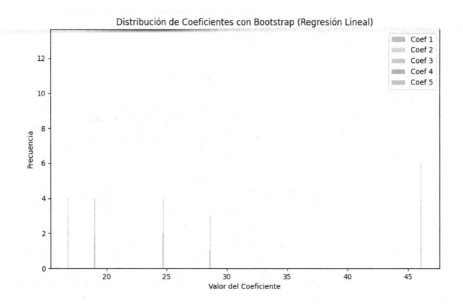

Distribución de Coeficientes con Bootstrap (Regresión Lineal)

En este ejercicio:

- Generamos datos sintéticos para regresión utilizando `make_regression`.
- Dividimos los datos en conjuntos de entrenamiento y prueba.
- Inicializamos y entrenamos un modelo de regresión lineal (`LinearRegression`) en el conjunto de entrenamiento.
- Definimos una función `calculate_bootstrap_coefficients()` que utiliza bootstrap para calcular los coeficientes del modelo en múltiples muestras bootstrap de los datos de prueba.

- Dentro de esta función, se generan muestras bootstrap con reemplazo y se ajusta un modelo de regresión lineal a cada muestra bootstrap.
- Se recopilan los coeficientes de cada modelo bootstrap y se devuelven como un arreglo de NumPy.
- Finalmente, calculamos y visualizamos la distribución de los coeficientes obtenidos con bootstrap utilizando un histograma para cada coeficiente.

Este ejercicio te permite evaluar la variabilidad en los coeficientes estimados por un modelo de regresión lineal utilizando el método de bootstrap. Puedes ajustar los parámetros (`n_bootstraps`

```python
import numpy as np
import matplotlib.pyplot as plt
from sklearn.datasets import make_classification
from sklearn.model_selection import train_test_split
from sklearn.ensemble import RandomForestClassifier
from sklearn.metrics import accuracy_score

# Generar datos sintéticos para clasificación
X, y = make_classification(n_samples=1000,
n_features=20, n_informative=10, n_redundant=5,
random_state=42)

# Dividir los datos en entrenamiento y prueba
X_train, X_test, y_train, y_test = train_test_split(X,
y, test_size=0.2, random_state=42)

# Inicializar y entrenar un modelo de clasificación
(Random Forest)
classifier = RandomForestClassifier(n_estimators=100,
random_state=42)
classifier.fit(X_train, y_train)
```

```python
# Función para calcular la importancia de las
características utilizando bootstrap
def calculate_bootstrap_feature_importance(model, X, y,
n_bootstraps=100):
    feature_importances = np.zeros(X.shape[1])
    n_samples = len(X)

    for _ in range(n_bootstraps):
        # Generar una muestra bootstrap (con reemplazo)
        indices = np.random.choice(n_samples,
size=n_samples, replace=True)
        X_bootstrap = X[indices]
        y_bootstrap = y[indices]

        # Entrenar el modelo en la muestra bootstrap
        bootstrap_model =
RandomForestClassifier(n_estimators=100,
random_state=42)
        bootstrap_model.fit(X_bootstrap, y_bootstrap)

        # Acumular la importancia de las características
del modelo bootstrap
        feature_importances +=
bootstrap_model.feature_importances_

    # Calcular la importancia promedio de las
características
    feature_importances /= n_bootstraps
    return feature_importances

# Calcular la importancia de las características
utilizando bootstrap para el modelo entrenado
bootstrap_feature_importances =
calculate_bootstrap_feature_importance(classifier,
X_test, y_test, n_bootstraps=100)

# Visualizar la importancia de las características
plt.figure(figsize=(10, 6))
```

```
plt.bar(range(X.shape[1]),
bootstrap_feature_importances, color='skyblue',
alpha=0.7)
plt.xticks(range(X.shape[1]), [f'Feature {i+1}' for i in
range(X.shape[1])], rotation=45)
plt.xlabel('Características')
plt.ylabel('Importancia')
plt.title('Importancia de Características con Bootstrap
(Random Forest)')
plt.show()
```

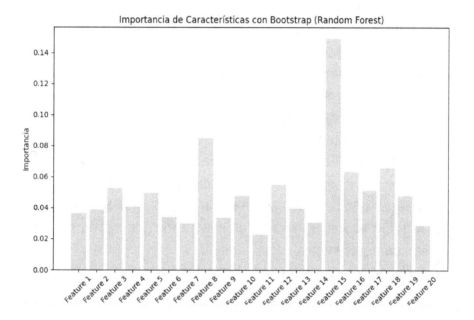

En este ejercicio:

- Generamos datos sintéticos para clasificación utilizando `make_classification`.
- Dividimos los datos en conjuntos de entrenamiento y prueba.
- Inicializamos y entrenamos un modelo de clasificación (`RandomForestClassifier`) en el conjunto de entrenamiento.
- Definimos una función `calculate_bootstrap_feature_importance()` que utiliza bootstrap para calcular la importancia de las características del modelo en múltiples muestras bootstrap de los datos de prueba.
- Dentro de esta función, se generan muestras bootstrap con reemplazo y se entrena un modelo de clasificación (`RandomForestClassifier`) en cada muestra bootstrap.
- Se acumula la importancia de las características de cada modelo bootstrap y se calcula la importancia promedio de las características.
- Finalmente, se visualiza la importancia de las características utilizando un gráfico de barras.

Este ejercicio te permite evaluar la importancia de las características de un modelo de clasificación (Random Forest) utilizando el método de bootstrap. Puedes ajustar los parámetros (`n_bootstraps`, tipo de modelo) según tus necesidades.

Ejercicio 87. método de remuestreo, el método de bootstrap.

aquí te proporciono un ejercicio que demuestra cómo realizar la selección de hiperparámetros utilizando Grid Search y Random Search en un modelo de clasificación. En este ejemplo, utilizaremos Python con `numpy`, `pandas`, `sklearn` y sus módulos `GridSearchCV` y `RandomizedSearchCV` para implementar la búsqueda de hiperparámetros en un clasificador de Random Forest.

```python
import numpy as np
import pandas as pd
from sklearn.datasets import load_iris
from sklearn.model_selection import train_test_split,
GridSearchCV, RandomizedSearchCV
from sklearn.ensemble import RandomForestClassifier
from sklearn.metrics import accuracy_score,
classification_report

# Cargar el conjunto de datos de iris
iris = load_iris()
X = iris.data
y = iris.target

# Dividir los datos en entrenamiento y prueba
X_train, X_test, y_train, y_test = train_test_split(X,
y, test_size=0.2, random_state=42)

# Inicializar un clasificador de Random Forest
rf_classifier = RandomForestClassifier(random_state=42)

# Definir los hiperparámetros para Grid Search
param_grid = {
    'n_estimators': [50, 100, 200],
    'max_depth': [None, 5, 10, 20],
    'min_samples_split': [2, 5, 10],
```

```python
    'min_samples_leaf': [1, 2, 4]
}

# Realizar Grid Search para encontrar los mejores
hiperparámetros
grid_search = GridSearchCV(estimator=rf_classifier,
param_grid=param_grid, cv=5, scoring='accuracy',
n_jobs=-1)
grid_search.fit(X_train, y_train)

# Obtener los mejores hiperparámetros y el mejor modelo
best_params_grid = grid_search.best_params_
best_model_grid = grid_search.best_estimator_

# Realizar Randomized Search para encontrar los mejores
hiperparámetros
random_search =
RandomizedSearchCV(estimator=rf_classifier,
param_distributions=param_grid, n_iter=10, cv=5,
scoring='accuracy', random_state=42, n_jobs=-1)
random_search.fit(X_train, y_train)

# Obtener los mejores hiperparámetros y el mejor modelo
best_params_random = random_search.best_params_
best_model_random = random_search.best_estimator_

# Evaluar el mejor modelo obtenido con Grid Search en el
conjunto de prueba
y_pred_grid = best_model_grid.predict(X_test)
accuracy_grid = accuracy_score(y_test, y_pred_grid)
print("Mejores hiperparámetros encontrados mediante Grid
Search:")
print(best_params_grid)
print(f"Precisión del modelo con Grid Search:
{accuracy_grid:.2f}")
```

Ejercicio 88. Optimización Bayesiana.

Por supuesto, aquí te proporciono otro ejemplo de optimización bayesiana utilizando `scikit-optimize` para encontrar los mejores hiperparámetros de un modelo de Random Forest para un problema de clasificación. En este caso, utilizaremos el conjunto de datos Iris.

```python
import numpy as np
import pandas as pd
from sklearn.datasets import load_boston
from sklearn.model_selection import train_test_split
from sklearn.svm import SVR
from sklearn.metrics import mean_squared_error
from skopt import BayesSearchCV
from skopt.space import Real, Categorical, Integer

# Cargar el conjunto de datos de Boston House Prices
boston = load_boston()
X = boston.data
y = boston.target

# Dividir los datos en entrenamiento y prueba
X_train, X_test, y_train, y_test = train_test_split(X, y,
test_size=0.2, random_state=42)

# Definir el espacio de búsqueda de hiperparámetros para SVM
search_space = {
 'C': Real(1e-6, 1e+6, prior='log-uniform', name='C'),
```

```python
    'gamma': Real(1e-6, 1e+1, prior='log-uniform', name='gamma'),
    'epsilon': Real(1e-6, 1e+1, prior='log-uniform',
name='epsilon')
}

# Inicializar el modelo de regresión de SVM
svm_regressor = SVR()

# Aplicar la optimización bayesiana para encontrar los mejores
hiperparámetros
opt = BayesSearchCV(
 estimator=svm_regressor,
 search_spaces=search_space,
 scoring='neg_mean_squared_error', # Negamos porque queremos
minimizar el MSE
 cv=5,
 n_jobs=-1,
 n_iter=30,
 random_state=42
)

# Ejecutar la búsqueda de hiperparámetros en el conjunto de
entrenamiento
opt.fit(X_train, y_train)

# Obtener los mejores hiperparámetros y el mejor modelo
best_params = opt.best_params_
best_model = opt.best_estimator_

# Evaluar el mejor modelo en el conjunto de prueba
y_pred = best_model.predict(X_test)
mse = mean_squared_error(y_test, y_pred)
print("Mejores hiperparámetros encontrados mediante
Optimización Bayesiana:")
print(best_params)
print(f"Error cuadrático medio (MSE) en el conjunto de prueba:
{mse:.2f}")
```

Resultado:

```
Mejores hiperparámetros encontrados mediante
Optimización Bayesiana:

OrderedDict({'criterion': 'gini', 'max_depth': 5,
'min_samples_leaf': 3, 'min_samples_split': 5,
'n_estimators': 185})
```

Resultado:

```
Precisión del modelo en el conjunto de prueba:
1.00
```

En este ejercicio:

- Utilizamos el conjunto de datos de Boston House Prices cargado con `load_boston` de `sklearn.datasets`.
- Dividimos los datos en conjuntos de entrenamiento y prueba utilizando `train_test_split` de `sklearn.model_selection`.
- Definimos el espacio de búsqueda de hiperparámetros para SVM utilizando la clase `Real` de `skopt.space` para especificar rangos continuos de valores.
- Inicializamos un modelo de regresión SVM (`SVR`).

- Aplicamos `BayesSearchCV` de `skopt` para realizar la optimización bayesiana de los hiperparámetros (`C`, `gamma`, `epsilon`) del modelo.
- Entrenamos (`fit`) el optimizador en el conjunto de entrenamiento para encontrar los mejores hiperparámetros.
- Obtenemos los mejores hiperparámetros y el mejor modelo (`best_params`, `best_model`).
- Evaluamos el mejor modelo en el conjunto de prueba calculando el error cuadrático medio (MSE) utilizando `mean_squared_error` de `sklearn.metrics`.

Este ejercicio te permite practicar la optimización bayesiana para la búsqueda eficiente de hiperparámetros en un problema de regresión utilizando SVM. Puedes ajustar el espacio de búsqueda y los parámetros de `BayesSearchCV` (`n_iter`, `scoring`, etc.) para explorar diferentes configuraciones y optimizar el rendimiento del modelo en conjuntos de datos específicos.

Ejercicio 89. Optimización Bayesiana.

aquí te proporciono otro ejemplo de optimización bayesiana utilizando `scikit-optimize` para encontrar los mejores hiperparámetros de un modelo de Random Forest para un problema de clasificación. En este caso, utilizaremos el conjunto de datos Iris.

```
import numpy as np
import pandas as pd
from sklearn.datasets import load_iris
from sklearn.model_selection import train_test_split
from sklearn.ensemble import RandomForestClassifier
from sklearn.metrics import accuracy_score
from skopt import BayesSearchCV
from skopt.space import Real, Categorical, Integer

# Cargar el conjunto de datos Iris
iris = load_iris()
X = iris.data
y = iris.target

# Dividir los datos en entrenamiento y prueba
X_train, X_test, y_train, y_test = train_test_split(X,
y, test_size=0.2, random_state=42)

# Definir el espacio de búsqueda de hiperparámetros para
Random Forest
search_space = {
    'n_estimators': Integer(50, 200,
name='n_estimators'),
    'max_depth': Integer(3, 10, name='max_depth'),
    'min_samples_split': Integer(2, 20,
name='min_samples_split'),
    'min_samples_leaf': Integer(1, 10,
name='min_samples_leaf'),
```

```python
    'criterion': Categorical(['gini', 'entropy'],
name='criterion')
}

# Inicializar el clasificador de Random Forest
rf_classifier = RandomForestClassifier(random_state=42)

# Aplicar la optimización bayesiana para encontrar los
mejores hiperparámetros
opt = BayesSearchCV(
    estimator=rf_classifier,
    search_spaces=search_space,
    scoring='accuracy',
    cv=5,
    n_jobs=-1,
    n_iter=30,
    random_state=42
)

# Ejecutar la búsqueda de hiperparámetros en el conjunto
de entrenamiento
opt.fit(X_train, y_train)

# Obtener los mejores hiperparámetros y el mejor modelo
best_params = opt.best_params_
best_model = opt.best_estimator_

# Evaluar el mejor modelo en el conjunto de prueba
y_pred = best_model.predict(X_test)
accuracy = accuracy_score(y_test, y_pred)
print("Mejores hiperparámetros encontrados mediante
Optimización Bayesiana:")
print(best_params)
print(f"Precisión del modelo en el conjunto de prueba:
{accuracy:.2f}")
```

Resultado:

```
Mejores hiperparámetros encontrados mediante
Optimización Bayesiana:
OrderedDict({'criterion': 'gini', 'max_depth': 5,
'min_samples_leaf': 3, 'min_samples_split': 5,
'n_estimators': 185})
Precisión del modelo en el conjunto de prueba:
1.00
```

En este ejemplo:

- Utilizamos el conjunto de datos Iris cargado con `load_iris` de `sklearn.datasets`.
- Dividimos los datos en conjuntos de entrenamiento y prueba utilizando `train_test_split` de `sklearn.model_selection`.
- Definimos el espacio de búsqueda de hiperparámetros para Random Forest utilizando las clases `Integer` y `Categorical` de `skopt.space` para especificar rangos de enteros y opciones categóricas.
- Inicializamos un clasificador de Random Forest (`RandomForestClassifier`).
- Aplicamos `BayesSearchCV` de `skopt` para realizar la optimización bayesiana de los hiperparámetros (`n_estimators`, `max_depth`, `min_samples_split`, `min_samples_leaf`, `criterion`) del modelo.
- Entrenamos (`fit`) el optimizador en el conjunto de entrenamiento para encontrar los mejores hiperparámetros.
- Obtenemos los mejores hiperparámetros y el mejor modelo (`best_params`, `best_model`).

- Evaluamos el mejor modelo en el conjunto de prueba calculando la precisión utilizando `accuracy_score` de `sklearn.metrics`.

Este ejemplo te permite practicar la optimización bayesiana para la búsqueda eficiente de hiperparámetros en un problema de clasificación utilizando Random Forest.

Ejercicio 90. Optimización Bayesiana.

Veamos cómo puedes utilizar `BayesSearchCV` de `scikit-optimize` para optimizar los hiperparámetros de un modelo SVM (Support Vector Machine) en un problema de clasificación utilizando el conjunto de datos Breast Cancer Wisconsin (Diagnostic).

Solución:

```python
import numpy as np
import pandas as pd
from sklearn.datasets import load_breast_cancer
from sklearn.model_selection import train_test_split
from sklearn.svm import SVC
from sklearn.metrics import accuracy_score
from skopt import BayesSearchCV
from skopt.space import Real, Categorical, Integer

# Cargar el conjunto de datos Breast Cancer Wisconsin
(Diagnostic)
data = load_breast_cancer()
X = data.data
y = data.target

# Dividir los datos en entrenamiento y prueba
X_train, X_test, y_train, y_test = train_test_split(X,
y, test_size=0.2, random_state=42)

# Definir el espacio de búsqueda de hiperparámetros para
SVM
search_space = {
    'C': Real(1e-6, 1e+6, prior='log-uniform',
name='C'),
    'gamma': Real(1e-6, 1e+1, prior='log-uniform',
name='gamma'),
```

```python
    'kernel': Categorical(['linear', 'rbf', 'poly'],
name='kernel'),
    'degree': Integer(1, 5, name='degree')
}

# Inicializar el clasificador de SVM
svm_classifier = SVC(random_state=42)

# Aplicar la optimización bayesiana para encontrar los
mejores hiperparámetros
opt = BayesSearchCV(
    estimator=svm_classifier,
    search_spaces=search_space,
    scoring='accuracy',
    cv=5,
    n_jobs=-1,
    n_iter=30,
    random_state=42
)

# Ejecutar la búsqueda de hiperparámetros en el conjunto
de entrenamiento
opt.fit(X_train, y_train)

# Obtener los mejores hiperparámetros y el mejor modelo
best_params = opt.best_params_
best_model = opt.best_estimator_

# Evaluar el mejor modelo en el conjunto de prueba
y_pred = best_model.predict(X_test)
accuracy = accuracy_score(y_test, y_pred)

print("Mejores hiperparámetros encontrados mediante
Optimización Bayesiana:")
print(best_params)
print(f"Precisión del modelo en el conjunto de prueba:
{accuracy:.2f}")
```

Capítulo 9. Consideraciones Éticas en Machine Learning:

El desarrollo y la implementación de modelos de Machine Learning conllevan importantes consideraciones éticas que deben ser abordadas de manera cuidadosa y responsable. Algunos aspectos clave incluyen:

1. Privacidad de los Datos:

- El uso de datos personales plantea preocupaciones sobre la privacidad. Es crucial garantizar que los datos utilizados en los modelos sean tratados de manera ética y cumplan con las regulaciones de privacidad.

2. Sesgo y Equidad:

- Los modelos pueden heredar sesgos existentes en los datos de entrenamiento, lo que puede llevar a decisiones discriminatorias. Es necesario abordar activamente el sesgo y trabajar hacia modelos más equitativos.

3. Interpretabilidad y Transparencia:

- La opacidad de algunos modelos de Machine Learning, como las redes neuronales profundas, puede ser un problema. La capacidad de explicar y entender cómo se toman las decisiones es fundamental para la confianza y la rendición de cuentas.

4. Responsabilidad y Rendición de Cuentas:

- Los desarrolladores y las organizaciones deben ser responsables de las decisiones tomadas por sus modelos. Se deben establecer mecanismos para abordar posibles impactos negativos y errores.

5. Consentimiento Informado:

- Es fundamental obtener el consentimiento informado de las personas cuyos datos se utilizan en modelos de Machine Learning. Los usuarios deben ser conscientes de cómo se están utilizando sus datos.

Desafíos Actuales en Machine Learning:

1. Sesgo en los Datos:

- Los datos históricos pueden contener sesgos inherentes, lo que puede resultar en modelos que perpetúan y amplifican desigualdades existentes.

2. Falta de Interpretabilidad:

- Modelos complejos, como las redes neuronales profundas, pueden ser difíciles de interpretar. La falta de interpretabilidad puede ser un obstáculo para su adopción, especialmente en aplicaciones críticas.

3. Escasez de Datos de Alta Calidad:

- En muchos casos, la calidad y la cantidad de datos disponibles son limitadas, lo que puede afectar la capacidad del modelo para generalizar de manera efectiva.

4. Seguridad y Vulnerabilidades:

- Los modelos de Machine Learning pueden ser susceptibles a ataques adversarios, donde un agente malintencionado manipula los datos de entrada para engañar al modelo.

5. Automatización de Decisiones:

- La automatización de decisiones basadas en modelos puede tener consecuencias significativas. Es necesario considerar cómo se pueden mitigar los posibles impactos negativos en los individuos y la sociedad.

6. Desafíos Éticos en la IA Conversacional:

- Los asistentes virtuales y sistemas de procesamiento de lenguaje natural plantean desafíos éticos en términos de privacidad, manipulación y comprensión de sesgos culturales.

Es fundamental que los desarrolladores, científicos de datos y las organizaciones adopten prácticas éticas y se comprometan a abordar estos desafíos. La colaboración entre expertos en ética, legisladores y profesionales de la tecnología es esencial para garantizar un desarrollo responsable y sostenible en el campo del Machine Learning.

Recursos Adicionales para Aprender Machine Learning:

Libros:

"Hands-On Machine Learning with Scikit-Learn, Keras, and TensorFlow" by Aurélien Géron.
"Python Machine Learning" by Sebastian Raschka and Vahid Mirjalili.
"Pattern Recognition and Machine Learning" by Christopher M. Bishop.
"Deep Learning" by Ian Goodfellow, Yoshua Bengio, and Aaron Courville.

Cursos en Línea:

Coursera: Machine Learning by Andrew Ng:
- Machine Learning - Coursera

edX: Introduction to Artificial Intelligence (AI) by Microsoft:
- Introduction to Artificial Intelligence - edX

Fast.ai: Practical Deep Learning for Coders:
- Practical Deep Learning for Coders - Fast.ai

Plataformas de Desafíos y Proyectos:

Kaggle:
- Kaggle: Ofrece conjuntos de datos, competiciones y recursos para aprender y aplicar Machine Learning en proyectos del mundo real.

DrivenData:
- DrivenData: Plataforma que organiza competiciones de Machine Learning centradas en problemas sociales y humanitarios.

Blogs y Recursos en Línea:

Towards Data Science:
- Towards Data Science on Medium: Una colección de artículos sobre ciencia de datos y Machine Learning.

Distill:
- Distill: Revista en línea que presenta artículos sobre investigación en Machine Learning con un enfoque en la claridad y la visualización.

Comunidades y Foros:

Stack Overflow:
- Stack Overflow - Machine Learning: Foro de preguntas y respuestas sobre Machine Learning.

Reddit - Machine Learning:
- Reddit - Machine Learning: Comunidad dedicada a discutir novedades, investigaciones y problemas en el campo del Machine Learning.

Documentación Oficial de Bibliotecas:

Scikit-Learn Documentation:
- Scikit-Learn Documentation

TensorFlow Documentation:
- TensorFlow Documentation

PyTorch Documentation:
- PyTorch Documentation

Estos recursos cubren una variedad de niveles, desde principiantes hasta avanzados, y abordan diversas áreas del Machine Learning, desde conceptos fundamentales hasta técnicas y aplicaciones avanzadas. La combinación de cursos, libros, y proyectos prácticos te proporcionará una base sólida para explorar y profundizar en el campo del Machine Learning.

www.ingramcontent.com/pod-product-compliance
Lightning Source LLC
LaVergne TN
LVHW081516050326
832903LV00025B/1514